1

Logo!

03/38

Hamburg
Berlin
DEUTSCHLAND
Köln
München
Salzburg
Wien
ÖSTERREICH
Bern
Zürich
DIE SCHWEIZ

Anna Lise Gordon • Harriette Lanzer

Heinemann Educational,
Halley Court, Jordan Hill, Oxford OX2 8EJ
Part of Harcourt Education.

First published 2002

03 04 6 5 4

A catalogue record for this book is available from the British Library on request.

ISBN 0 435 36882 6

Produced by **AMR** Ltd

Illustrations by Art Construction, Mik Brown, Phillip Burrows, Belinda Evans, Ann Johns, Andy Peters, Shaun Williams

Cover photo provided by Corbis U.K.

Printed and bound in Spain by Edelvive

Acknowledgements

The authors and publishers would like to thank Ian and Ingrid Christie, Mr Ronnewinkel, Mr Kessler and the pupils of the Ville-Gymnasium in Erfstadt, Germany, Julie Green for her help in the making of this course, John Green TEFL tapes and Johan Nordqvist for the audio production.

Music by Aleksander Kolkowski and Ian Hill.

Photographs were provided by: **Empics/Mike Egerton** p. 11 Steffi Graf; **Empics/Tony Marshall** p. 11 Jürgen Klinsmann; **Empics/Ross Kinnaird** p. 11 Tanja Schewschenko; **Chris Honeywell** p. 100 French girl, p. 92 German bank note, digital clock, p. 93 German coins, p. 94 football supporter a; **Trevor Clifford** p. 101 girl far right; **Bubbles/David Robinson** p. 32 English girl in school uniform; **Portas Fussball-Schule** p. 34; **David Oakley** p. 38 photo booth; **Science Photo Library/Stevie Grand** p. 105 newborn baby; **Chris Ridgers** p. 66 building in forest, p. 70 goat in field, p. 80 house in village, p. 86 swimming pool exterior, café; **Robert Harding Picture Library** p. 70 coast Meckenburg-Vorpommern; **Rainer Drexel/Bilderberg** p. 86 library; **David Simson** p. 86 sports centre, supermarket; all other photos by **Steve J. Benbow**.

Tel: 01865 888058 www.heinemann.co.uk

Inhalt

Seite

3 Meine Familie 38

4 Freizeit 54

1 Hallo!

1 Guten Tag!

Saying hello and goodbye
Asking a friend's name and giving your own
Counting to twelve

HÖREN **1** **Hör zu und lies.** *Listen and read.*

Gruppenarbeit. *Groupwork.*

Beispiel: ▲ (Hallo!) Wie heißt du?
● (Hallo!) Ich heiße (Jack). Und du?
▲ Ich heiße (Anna). (Tschüs!)

Hallo!	Guten Tag!
Wie heißt du?	Ich heiße ...
Tschüs!	Auf Wiedersehen!

Eine Party! Was sagen sie? Füll die Lücken aus.
A party! What are they saying? Fill in the blanks.
Beispiel: a heiße

Ich ... Steffi. Guten ... ! T... ! Wie ... du? H... ! Auf ... !

4 **Hör zu und wiederhole.** *Listen and repeat.*

null eins zwei drei vier
fünf sechs sieben acht
neun zehn elf zwölf

5 **Hör zu. Welche Zahl ist das? (a–l)**
Which number is it?
Beispiel: a 5

6a **Löse die Rechenaufgaben.** *Do the sums.*
Beispiel: 1 zwölf

1 sechs + sechs =
2 vier + zwei =
3 sieben + vier =
4 fünf + drei =
5 neun + eins =
6 acht + eins =

6b **Partnerarbeit. Schreib Rechenaufgaben für einen Partner / eine Partnerin. Kann er/sie deine Rechenaufgaben lösen?**
Pairwork. Write sums for your partner. Can he/she do your sums?

7 **Partnerarbeit.**
Beispiel: ▲ *Throw the dice!*
● (Elf)!

8 **So spricht man „w" aus! Hör zu und wiederhole.**
How to pronounce 'w'! Listen and repeat.

2 Wo wohnst du?

Naming some countries
Asking a friend where he/she lives and saying where you live

HÖREN **1a** **Hör zu und wiederhole. (1–10)**

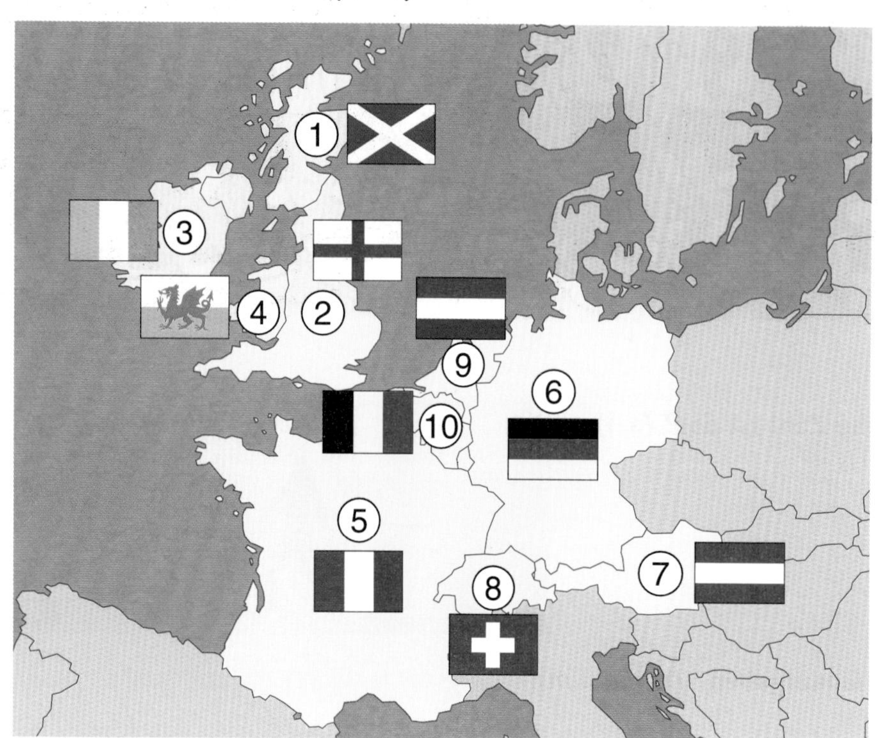

1 Schottland
2 England
3 Irland
4 Wales
5 Frankreich
6 Deutschland
7 Österreich
8 die Schweiz
9 Holland
10 Belgien

SPRECHEN **1b** **Partnerarbeit.**

Beispiel: ▲ Was ist Nummer (eins)?
● Das ist (Schottland).

Was ist ...?
Das ist ...

HÖREN **2a** **Hör zu. Wo wohnen sie? (1–8)** *Where do they live?*
Beispiel: 1 a

a **b** **c** **d** **e** **f** **g** **h**

SCHREIBEN **2b** **Welches Land ist das?** *Which country is it?*
Beispiel: a Das ist Schottland.

HÖREN **3a** **Hör zu. Wo wohnen sie? (1–6)**
Beispiel: Karin b

SPRECHEN **3b** **Partnerarbeit. Bist du Karin, Thomas, Max, Gabi, Kaya oder Heike?**
Are you Karin, Thomas, Max, Gabi, Kaya or Heike?

Beispiel:
- ▲ Wo wohnst du?
- ● Ich wohne in (Berlin).
- ▲ Du heißt (Karin).
- ● Ja.

Wo wohnst du? Ich wohne in ...
Du heißt ... Ja. Nein.

LESEN **4a** **Lies die E-Mail und ergänze das Formular auf Deutsch.**
Read the e-mail and complete the form in German.
Beispiel: 1 Jürgen Fischer

Euro-Programm: Partnerschule
(V-Gymnasium, Collège VH, Brooks CC)
1 Name/nom/name: ...
2 Alter/âge/age: ...
3 Klasse/classe/class: ...
4 Stadt/ville/town: ...
5 Land/pays/country: ...

Betrifft: Euro-Programm: Partnerschule
Datum: 12.08. 14:23:01
Von: Klasse 5A, Ville-Gymnasium
An: Brooks Community College (Wales) / Collège Victor Hugo (Frankreich)

Hallo!
Ich heiße Jürgen Fischer und ich bin zwölf Jahre alt. Ich gehe in die Klasse 5A und ich wohne in Köln. Das ist in Deutschland. Wie heißt du und wo wohnst du?
Tschüs, bis bald!
Jürgen :)

Und du? Wie heißt du? Wo wohnst du?
Beispiel: Hallo. Ich heiße Ann und ich wohne in Leeds. Das ist in England.

3 Das Alphabet

Saying the German alphabet
Asking how to spell words and spelling out words

1 Hör zu und wiederhole.

A B C D E F G H I J K L M N O P Q R S T U V W X Y Z
... und ä ö ü ß

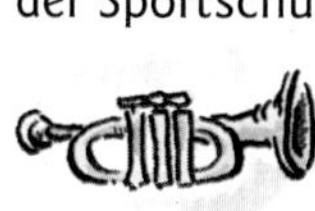

der Apfel, der Fußball, die Katze, der Pudel, der Volkswagen
die Banane, das Geschenk, der Löwe, der Quizmaster, das Wörterbuch
die CD, der Hund, das Mädchen, die Ratte, das Xylophon
die Diskette, das Iglu, die Nuss, der Sportschuh, die Trompete, die Yacht
der Elefant, der Junge, die Orange, das UFO, das Zebra

2a Der Alphabet-Rap. Hör zu und sing mit.
The alphabet rap. Listen and sing along.

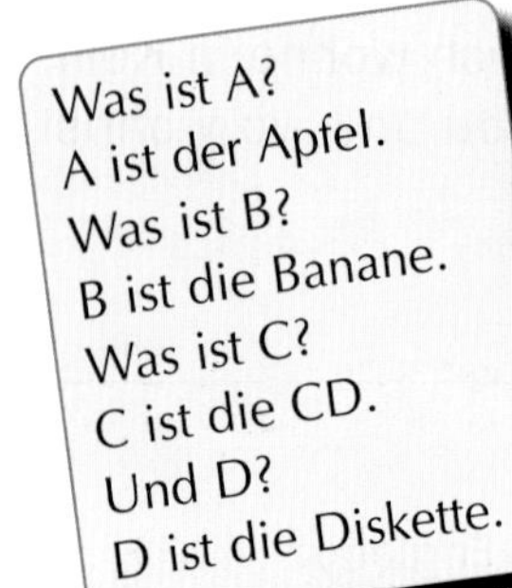

Was ist A?
A ist der Apfel.
Was ist B?
B ist die Banane.
Was ist C?
C ist die CD.
Und D?
D ist die Diskette.

Was ist E?
E ist der Elefant.
Was ist F?
F ist der Fußball.
Was ist G?
G ist das Geschenk.
Und H?
H ist der Hund.

2b Schreib den Alphabet-Rap von Iglu bis Zebra.
Write out the alphabet rap from 'Iglu' to 'Zebra'.
Beispiel: Was ist I? I ist das Iglu.

Sing mit und lern das Alphabet. Was ist A? A ist ...

2c Der Alphabet-Rap. Mach drei Listen. *Write three lists.*

der	die	das
Apfel	Banane	Geschenk

Deutsch	Englisch
Banane	*banana*
Iglu	*igloo*

Grammatik

The

the

masculine (m)	*feminine (f)*	*neuter (n)*
der Hund	**die** Trompete	**das** Zebra

Lern weiter ▶ 1.2a, Seite 112

2d Partnerarbeit. Buchstabiere die Wörter! *Spell out the words!*

Beispiel:
- ▲ Was ist (T.R.O.M.P.E.T.E)?
- ● Das ist (die Trompete). Was ist (H.U.N.D)?
- ▲ Das ist (der Hund). Was ist ...?

Das ist	der ... die ... das ...

3 Hör zu. Wer ist das? Schreib die Namen richtig auf. (1–3)

Who is it? Write the names down correctly.

Beispiel: 1 Ste...

1

2

3

4 Gruppenarbeit.

Beispiel:
- ▲ Wie heißt du?
- ● Ich heiße (Kamran Turner).
- ▲ Wie schreibt man das?
- ● (K.A.M.R.A.N. T.U.R.N.E.R).
- ▲ Wie bitte?
- ● (K.A.M.R.A.N. T.U.R.N.E.R). Und du? Wie heißt du?

Wie schreibt man das?
Wie bitte?

MINI-TEST

Check that you can:
- say hello and goodbye
- ask a friend's name and give your own
- count to twelve
- name some countries
- ask a friend where he/she lives and say where you live
- say the German alphabet
- ask how to spell words and spell out words

4 Meine Tasche

Naming things in your school bag
Asking what a friend has got and saying what you have got
Saying what colour things are

1a Hör zu und sieh dir das Foto oben an. Was ist das? (1–12)
Listen and look at the photo above. What is it?
Beispiel: 1 b

1b Mach Listen.

	der, die, das	ein, eine, ein
a	der Bleistift	ein Bleistift

Grammatik

The* and *a* or *an

	the	*a* or *an*
m	**der** Bleistift	**ein** Bleistift
f	**die** Diskette	**eine** Diskette
n	**das** Etui	**ein** Etui

Lern weiter 1.2b, Seite 112

1c Partnerarbeit. Sieh dir das Foto oben an.
Beispiel: ▲ Was ist (c)?
● Das ist (eine Diskette). Was ist ...?

Das ist	ein	Bleistift/Klebstift/Taschenrechner/Kuli.
	eine	Kassette/Diskette/Schere.
	ein	Etui/Wörterbuch/Lineal/Heft/Buch.

2 Lies die Texte. Gehört die Tasche A Stefan, Miriam oder Jürgen? Und die Tasche B?

Read the texts. Does bag A belong to Stefan, Miriam or Jürgen? And bag B?

A

B

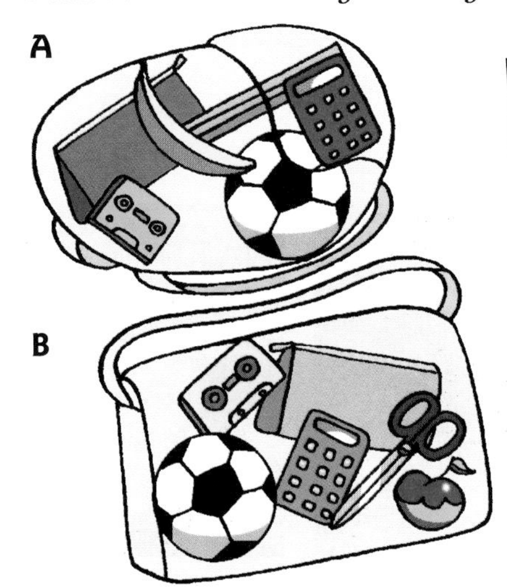

Jürgen: In meiner Tasche habe ich einen Taschenrechner, ein Etui, ein Lineal, eine Kassette und einen Fußball. Und was noch? Ach, ja, eine Banane!

Stefan: In meiner Tasche habe ich ein Etui, ein Lineal, eine Kassette, einen Fußball und eine Banane. Das ist alles!

Miriam: In meiner Tasche habe ich ein Etui, eine Schere und eine Kassette. Ich habe auch einen Fußball und einen Apfel. Und was noch? Ach, ja, ich habe einen Taschenrechner.

Grammatik

Ich habe + ***accusative***

m	ein Fußball	→ Ich habe **einen** Fußball.
f	eine Banane	→ Ich habe **eine** Banane.
n	ein Lineal	→ Ich habe **ein** Lineal.

Lern weiter ▶ 1.4b, Seite 113

3 Partnerarbeit. Zeichne fünf Sachen von Seite 12. Zeig sie deinem Partner / deiner Partnerin nicht! Was hat er/sie gezeichnet? Rate mal!

Draw five objects from page 12. Don't show them to your partner! What has your partner drawn? Guess!

Beispiel:
- ▲ Hast du (einen Bleistift)?
- ● Nein.
- ▲ Hast du (eine Diskette)?
- ● Ja. Hast du (eine Schere)?

Hast du	einen ...? eine ...? ein ...?

4 Sieh dir das Foto auf Seite 12 an. Hör zu. Richtig oder falsch? (1–10)

Look at the photo on page 12. Listen. True or false?

Beispiel: 1 Richtig

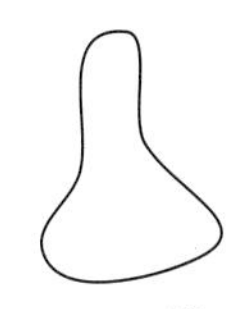
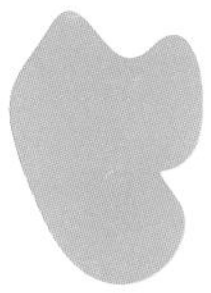

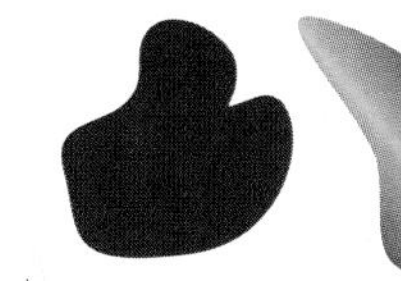

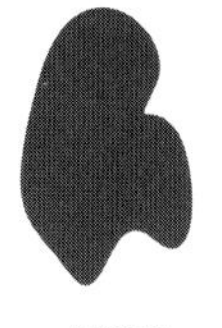

blau rot schwarz weiß grün gelb braun bunt grau

5 Was hast du in deiner Tasche?

Beispiel: In meiner Tasche habe ich ein Etui. Das Etui ist rot. Ich habe auch ...

5 In der Klasse (1)

Understanding what your teacher says
Counting to 31
Naming the days of the week

a Ruhe, bitte!

b Hört zu!

c Macht das Heft zu!

d Macht das Buch auf.
Seite zwölf.

e Steht auf!

f Alles einpacken!

g Jetzt Partnerarbeit!

h Schreibt es auf!

i Setzt euch!

1a Hör zu. Welches Foto ist das? (1–9)
Which photo is it?
Beispiel: 1 e

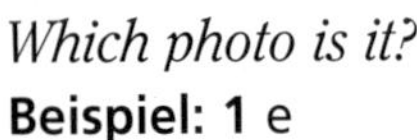

1b Hör nochmal zu und wiederhole.

2 Klassenspiel. „Simon sagt".
Classroom game. 'Simon says'.

3 **13 bis 31. Hör zu und wiederhole.**

13	dreizehn	20	zwanzig	27	siebenundzwanzig
14	vierzehn	21	einundzwanzig	28	achtundzwanzig
15	fünfzehn	22	zweiundzwanzig	29	neunundzwanzig
16	sechzehn	23	dreiundzwanzig	30	dreißig
17	siebzehn	24	vierundzwanzig	31	einunddreißig
18	achtzehn	25	fünfundzwanzig		
19	neunzehn	26	sechsundzwanzig		

4 **Hör zu. Ist das a oder b? (1–6)**

Beispiel: 1 a

1 a 13 b 30   3 a 19 b 29   5 a 16 b 17

2 a 22 b 28   4 a 15 b 25   6 a 31 b 21

5 **Partnerarbeit. Rechenaufgaben bis 31!**

Beispiel: ▲ Was ist (dreizehn und zwölf)?

● Das ist (fünfundzwanzig).

6 **Hör zu. Wie viele Kilometer fährt Jürgen jeden Tag?**

Listen. How many kilometres does Jürgen do every day?

Beispiel: Mo. = 12 km

Montag
Dienstag
Mittwoch
Donnerstag
Freitag
Samstag
Sonntag

7 **Übe die Wochentage. Mach einen Rap und schreib ihn auf.**

Practise the days of the week. Make up a rap and write it down.

Beispiel: Was ist M.O.? Das ist Montag. Was ist D.I.? Das ist ...

6 Mein Geburtstag

Talking about dates
Asking a friend how old he/she is and saying how old you are

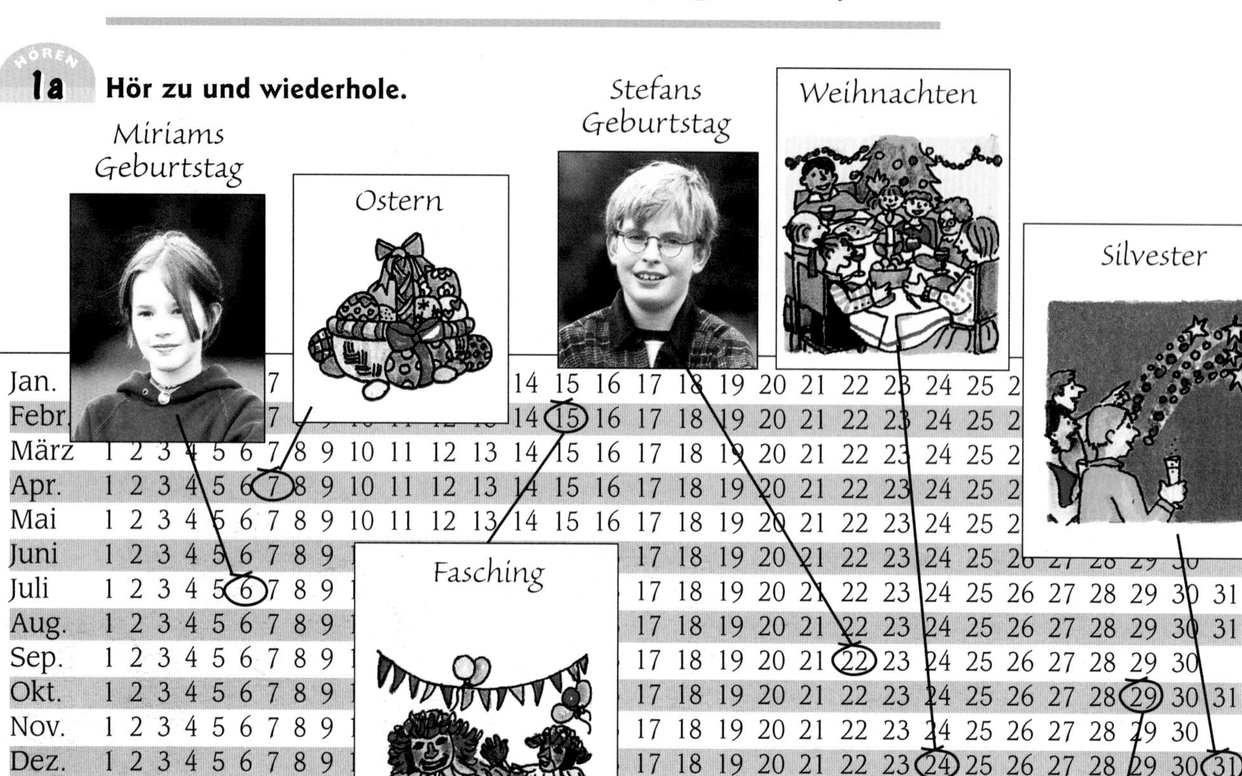

1a Hör zu und wiederhole.

1b Was heißt das auf Englisch? *How do you say that in English?*
Beispiel: 1 Christmas

1 Weihnachten
2 Fasching
3 Geburtstag
4 Silvester
5 Ostern
6 März

1c Beantworte die Fragen. *Answer the questions.*
Beispiel: 1 Das ist Fasching.

1 Was ist am fünfzehnten Februar?
2 Was ist am zweiundzwanzigsten September?
3 Was ist am neunundzwanzigsten Oktober?
4 Was ist am einunddreißigsten Dezember?
5 Was ist am siebten April?
6 Was ist am sechsten Juli?
7 Was ist am vierundzwanzigsten Dezember?

2a Hör zu. Wann haben sie Geburtstag? (1–8)
Beispiel: 1 e

a 9. März
b 13. DEZ.
c 21. Nov.
d 1. Febr.
e 22. Aug.
f 30. Juli
g 25. Mai
h 12. Jan.

2b Hör nochmal zu. Was sagen sie? (1–8)

Beispiel: 1 am zweiundzwanzigsten August

			zwanzigsten	Januar
	ersten	elften	einundzwanzigsten	Februar
	zweiten	zwölften	zweiundzwanzigsten	März
	dritten	dreizehnten	dreiundzwanzigsten	April
	vierten	vierzehnten	vierundzwanzigsten	Mai
Am	fünften	fünfzehnten	fünfundzwanzigsten	Juni
	sechsten	sechzehnten	sechsundzwanzigsten	Juli
	siebten	siebzehnten	siebenundzwanzigsten	August
	achten	achtzehnten	achtundzwanzigsten	September
	neunten	neunzehnten	neunundzwanzigsten	Oktober
	zehnten		dreißigsten	November
			einunddreißigsten	Dezember

3a Wie alt sind sie? Rate mal!

Beispiel: 1 30 Jahre alt? 32 Jahre alt? 28 Jahre alt?

1 
2 
3 4 
5 
6 

3b Hör zu und überprüfe es. (1–6) *Listen and check.*

Beispiel: 1 29 Jahre alt.

4 Partnerarbeit.

Beispiel:
▲ Wie alt bist du?
● Ich bin (elf) Jahre alt.
▲ Wann hast du Geburtstag?
● Ich habe (am ersten Januar) Geburtstag.

Wie alt bist du?
Ich bin ... Jahre alt.
Wann hast du Geburtstag?
Ich habe am ... Geburtstag.

5a Was sind die Fragen?

Beispiel: 1 Wie heißt du?

1 ... heißt du?
2 ... wohnst du?
3 ... alt bist du?
4 ... hast du Geburtstag?

5b Beantworte die vier Fragen für dich.

Answer the four questions for yourself.

Beispiel: Ich heiße ... Ich wohne in ... Ich bin ... und habe am ... Geburtstag.

Question words

Wo?	*Where?*
Wann?	*When?*
Wie?	*How?*
Was?	*What?*

Lern weiter ▶ 4.3a, Seite 120

7 Olafs Geburtstag

HÖREN **1a** **Hör zu und lies.**

heute	*today*
herzlichen Glückwunsch!	*congratulations!*
danke	*thank you*
Vati	*dad*
wunderbar	*wonderful*
für dich	*for you*
auspacken	*to unpack*
jetzt	*now*
dein	*your*

1b Ergänze die Sätze für Olaf. *Complete the sentences for Olaf.*

1c Richtig oder falsch?

Beispiel: 1 Falsch

1. Das Geschenk ist weiß.
2. Olaf hat einen Fußball.
3. Olaf hat am siebten März Geburtstag.
4. Olafs Geschenk ist ein Hund.
5. Das Foto ist auf Seite einunddreißig.
6. Olaf ist zehn Jahre alt.
7. Der Hund ist schwarz.

2 Hör zu. Was bekommt Olaf? (1–6)

What does Olaf get?

Beispiel: 1 Claudia – eine CD

Geschenkliste

1 Claudia
2 Lars
3 Melanie
4 Anke
5 Onkel Peter
6 Björn

3 Partnerarbeit. Wähl ein Geschenk für Olaf aus. Kann dein Partner / deine Partnerin das Geschenk erraten?

Choose a present for Olaf. Can your partner guess the present?

Beispiel:
▲ Hast du (einen Fußball) für Olaf?
● Nein.
▲ Hast du (eine CD)?
● Ja! Hast du (ein Etui) für Olaf?

4 Was ist das? Schreib Sätze.

Beispiel: a Das Geschenk ist grün und gelb.
Das ist eine Trompete.

a b c d e f g h

Lernzieltest Check that you can:

1	• say hello and goodbye	*Hallo! Tschüs!*
	• ask a friend's name and give your own	*Wie heißt du? Ich heiße ...*
	• count to twelve	*eins, zwei, drei ...*
2	• name some countries	*Deutschland, Österreich, Schottland ...*
	• ask a friend where he/she lives and say where you live	*Wo wohnst du? Ich wohne in England.*
3	• say the German alphabet	*A = der Apfel, B = die Banane, C = die CD ...*
	• ask how to spell words and spell out words	*Wie schreibt man das? K.A.T.Z.E.*
4	• name things in your school bag	*der Bleistift, das Wörterbuch ...*
	• ask what a friend's got and say what you've got	*Hast du einen/eine/ein ...? Ich habe einen/eine/ein ...*
	• say what colour things are	*Das Etui ist rot und blau.*
5	• understand what your teacher says	*Steht auf! Macht das Buch auf!*
	• count to 31	*dreizehn, vierzehn, fünfzehn ...*
	• name the days of the week	*Montag, Dienstag, Mittwoch ...*
6	• talk about dates	*Wann hast du Geburtstag? Ich habe am ersten Mai Geburtstag.*
	• ask a friend how old he/she is and say how old you are	*Wie alt bist du? Ich bin elf Jahre alt.*

Wiederholung

1 Hör zu. Tag (T) oder Monat (M)? (1–10) *Day or month?*
Beispiel: 1 T

2 Hör zu. Welche Zahl ist das? (1–10)
Beispiel: 1 22

3 Hör zu. Was brauchen sie? (1–6) *What do they need?*
Beispiel: 1 c

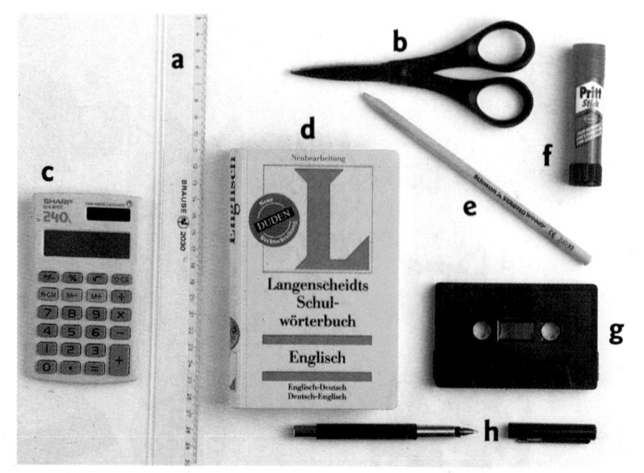

4 Partnerarbeit. Mach Interviews mit Miriam, Jürgen und Stefan.
Interview Miriam, Jürgen and Stefan.

5 Lies den Brief. Schreib das Formular ab und ergänze es.

Name: . . . .

Alter: . . . .

Geburtstag: . . . .

Wohnort: . . . .

Hamburg, den 1. Oktober

Hallo!
Ich heiße Jan Almacher. Ich bin dreizehn Jahre alt und habe am zehnten Januar Geburtstag. Ich wohne in Hamburg – das ist in Deutschland. Und du?
Schreib bald!
Jan

6 Beschreib die Bilder. *Describe the pictures.*
Beispiel: a Das Etui ist bunt.

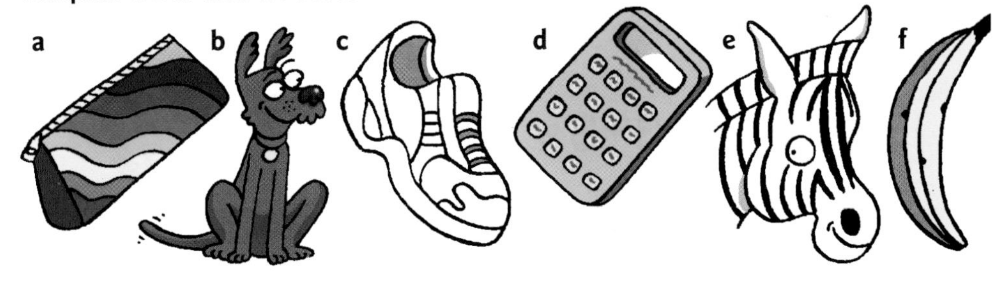

7 Lies Jans Brief nochmal durch. Schreib eine Antwort.
Read Jan's letter again. Write an answer.
Beispiel:

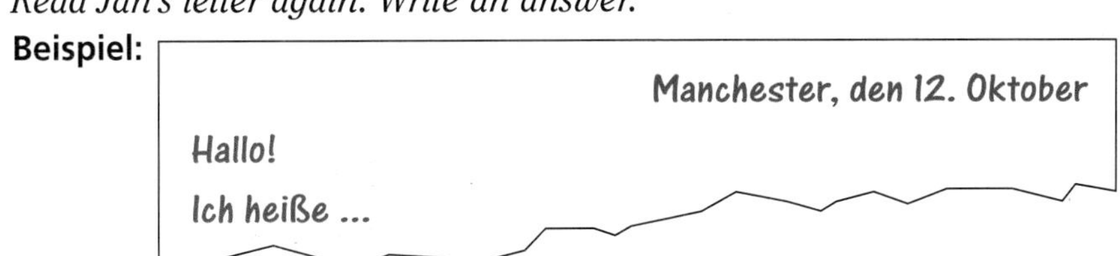

2 Die Schule

1 Mein Stundenplan

Saying which school subjects you have
Asking a friend about his/her timetable

Hör zu. Welcher Tag ist das? (1–6) *Which day is it?*
Beispiel: 1 Donnerstag

* Naturwiss. = Naturwissenschaften!

	Mo.	Di.	Mi.	Do.	Fr.	Sa.
08.00-08.45	Englisch	Mathe	Theater	Informatik	Deutsch	Geschichte
08.50-09.35	Erdkunde	Mathe	Naturwiss.*	Sport	Erdkunde	Naturwiss.*
09.55-10.40	Deutsch	Informatik	Englisch	Sport	Französisch	Mathe
10.45-11.30	Geschichte	Naturwiss.*	Englisch	Mathe	Naturwiss.*	
11.45-12.30	Französisch	Deutsch	Kunst	Musik	Deutsch	
12.35-13.20	Religion	Erdkunde	Deutsch	Englisch	Informatik	

Welches Fach ist das? (a–m) *Which school subject is it?*
Beispiel: a Musik

a

b

c
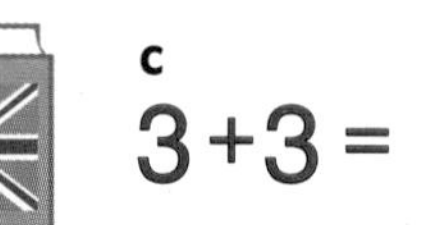

d
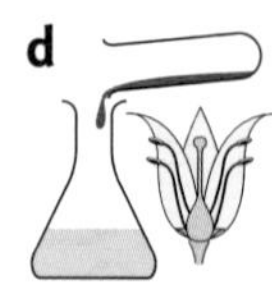

e

f

g
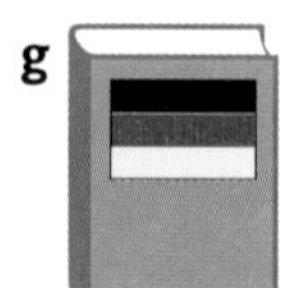

h

i
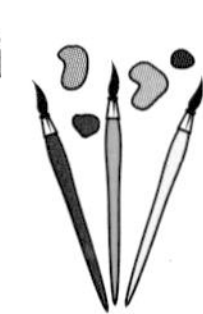

j

k

l
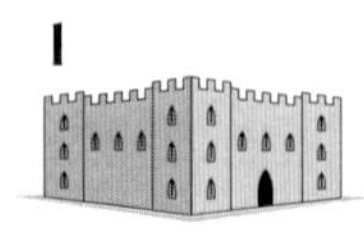

m
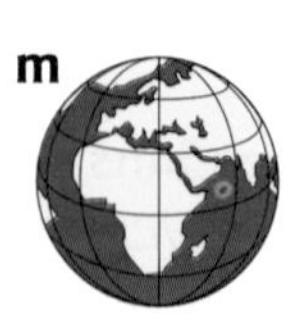

Partnerarbeit.

Beispiel: ▲ Was hast du am (Montag)?
● Ich habe (Englisch, Deutsch), ...

Was hast du am ...?
Ich habe ...

HÖREN **4a** **Hör zu. Was hat Miriam heute?**
Beispiel: Mathe, ...

HÖREN **4b** **Hör nochmal zu. Was hat Stefan heute?**
Beispiel: Sport, ...

LESEN **5a** **Sieh dir den Stundenplan auf Seite 22 an. Wähl die richtige Antwort aus.**
Look at the timetable on page 22.
Choose the right answers.
Beispiel: 1 Englisch

1 Am Montag in der ersten Stunde habe ich **Deutsch/Informatik/Englisch**.
2 Am Dienstag in der **ersten/vierten/fünften** Stunde habe ich Deutsch.
3 Am Mittwoch in der fünften Stunde habe ich **Sport/Theater/Kunst**.
4 Am **Dienstag/Mittwoch/Donnerstag** in der zweiten Stunde habe ich Mathe.
5 Am Freitag in der sechsten Stunde habe ich **Deutsch/Geschichte/Informatik**.
6 Am Samstag in der dritten Stunde habe ich **Mathe/Geschichte/Sport**.

5b **Partnerarbeit. Sieh dir den Stundenplan auf Seite 22 an.**
Beispiel: ▲ Was hast du am (Dienstag) in der (zweiten) Stunde?
● Ich habe (Mathe). Was hast du am (Donnerstag) in der (ersten) Stunde?

Was hast du	am	Montag/Dienstag/...	in der	zweiten/dritten/...	Stunde?

6 **Sieh dir deinen Stundenplan an. Beschreib deinen Lieblingstag.**
Look at your own timetable. Describe your favourite day.
Beispiel: Mein Lieblingstag ist Mittwoch. In der ersten Stunde habe ich Informatik. In der zweiten Stunde und in der dritten Stunde habe ich ...

HÖREN **7** **So spricht man „st/sp" aus! Hör zu und wiederhole.**

Beginnt das Wort mit **Sp** oder **St**?

Schreiben	Sprechen
Sport	shport
Stunde	shtunde

Spitze! *Great!*

2 Deutsch ist toll!

Asking for and giving opinions about school subjects
Asking a friend about his/her favourite school subject
Saying what your favourite school subject is

Was heißt das auf Englisch? Schau in den Wortschatz.
How do you say that in English? Look in the wordlist.
Beispiel: a interesting

- **a** interessant
- **b** toll
- **c** nicht gut
- **d** O.K.
- **e** super
- **f** langweilig
- **g** anstrengend
- **h** schwierig
- **i** gut

Mach drei Listen.

☺	😐	☹
interessant		nicht gut

Hör zu. Wie finden sie Sport? (1–9)
Beispiel: 1 g (anstrengend)

The present tense
finden *to find*
ich find**e** *I find*
du find**est** *you find*

Lern weiter ▶ 3.1, Seite 116

Partnerarbeit.
Beispiel:
▲ Wie findest du (Mathe)?
● Ich finde (Mathe) (toll). Und du?
▲ Ach, ich finde (Mathe) (langweilig).

Wie findest du	Mathe/Deutsch/Englisch/...	?
Ich finde		interessant/toll/nicht gut/super/O.K./ langweilig/anstrengend/schwierig/gut.

4a Lies die E-Mail. Wie findet Jürgen das?

Beispiel: a Hausaufgaben – nicht so gut

a  b  c 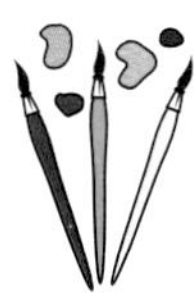 d  e 

Betrifft: Euro-Programm: Partnerschule
Datum: 2.10. 10:12:09
Von: Klasse 5A, Ville-Gymnasium
An: Brooks Community College (Wales) / Collège Victor Hugo (Frankreich)

Hallo! Hier ist Jürgen Fischer ... nochmal! Heute habe ich in der ersten Stunde Informatik. Das ist mein Lieblingsfach. Ich finde Informatik interessant, und ich schreibe besonders gern E-Mail! In der zweiten Stunde habe ich Sport. Das finde ich toll, aber anstrengend – ich bin nicht sehr fit. In der dritten und vierten Stunde habe ich Englisch mit Frau Owen – sie ist super, aber ich finde Englisch schwierig. In der fünften Stunde habe ich Kunst – das finde ich so langweilig, aber dann gehe ich nach Hause – super! ... und ich mache Hausaufgaben – nicht so gut!
Bis später, Jürgen :)

4b Richtig oder falsch?

Beispiel: **1** Falsch

1. Jürgens Lieblingsfach ist Sport.
2. Er hat zweimal Englisch.
3. Jürgen schreibt die E-Mail am zweiten Oktober.
4. Frau Owen ist langweilig.
5. Jürgen findet Hausaufgaben toll.
6. Collège Victor Hugo ist in Österreich.

5a Gruppenarbeit. Benutze Adjektive. *Use adjectives.*

Beispiel: ▲ Was ist dein Lieblingsfach?

● 1 (Kunst).

2 Mein Lieblingsfach ist (Kunst).

3 Mein Lieblingsfach ist (Kunst). Ich finde das (toll).

▲ Wann hast du (Kunst)?

● Am (Montag) in der (vierten) Stunde und am (Donnerstag) in der (sechsten) Stunde.

Die dritte Antwort ist super! Adjektive sind toll und interessant!

5b Beschreib dein Lieblingsfach.

Beispiel: Mein Lieblingsfach ist Sport. Ich finde das super. Ich habe Sport am ...

3 Wie spät ist es?

Counting to 60
Asking and giving the time
Asking and saying when things start

32	zweiunddreißig
37	siebenunddreißig
40	vierzig
44	vierundvierzig
50	fünfzig
59	neunundfünfzig
60	sechzig

Hör zu. Wer ist das? (1–6)
Beispiel: 1 Britta

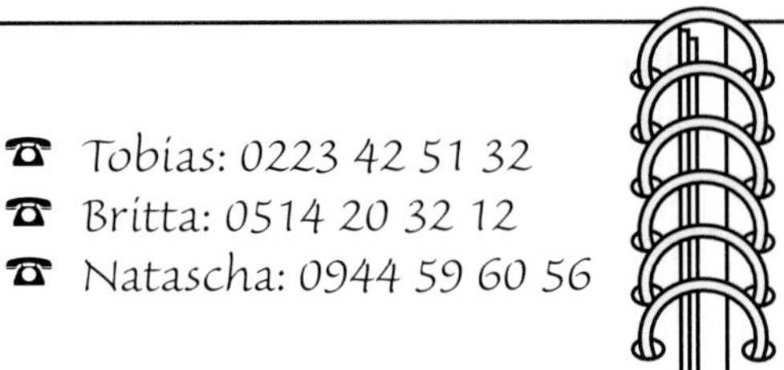

☎ Tobias: 0223 42 51 32
☎ Britta: 0514 20 32 12
☎ Natascha: 0944 59 60 56
☎ Sven: 0218 59 53 59
☎ Ina: 0317 48 61 32
☎ Hamdi: 0437 22 14 34

Partnerarbeit. Telefonierst du mit Tobias, Britta, Natascha, Sven, Ina oder Hamdi?
Are you phoning Tobias, Britta, Natascha, Sven, Ina or Hamdi?

Beispiel: ▲ (Null, zwei, dreiundzwanzig, zweiundvierzig, einundfünfzig, zweiunddreißig).
● Hallo (Tobias).

Zähl in der richtigen Reihenfolge bis 60 weiter. *Continue counting in sequence up to 60.*
Beispiel: 1 zwei, vier, sechs, acht, zehn, zwölf, vierzehn, ...

1 zwei, vier, sechs, acht, ...
2 fünf, zehn, fünfzehn, ...
3 sechs, zwölf, achtzehn, ...
4 eins, drei, fünf, ...
5 zwölf, vierundzwanzig, ...

Es ist

... ein Uhr.

... zwei Uhr fünfzehn.

... drei Uhr dreißig.

... vier Uhr fünfundvierzig.

... fünf Uhr fünfzig.

Was passt zusammen?
Beispiel: 1 c

1 Es ist sieben Uhr dreißig.
2 Es ist elf Uhr siebzehn.
3 Es ist zwölf Uhr zwanzig.
4 Es ist zehn Uhr.
5 Es ist acht Uhr fünfzehn.
6 Es ist vier Uhr fünfundvierzig.

a 

b 

c 

d 

e 

f 

Partnerarbeit.

Beispiel:
▲ Wie spät ist es?
● Es ist (sechs Uhr fünfzehn).
▲ *Draw the time: (6.15)!*
● Richtig! Wie spät ist es?

Wie spät ist es?	
Es ist	... Uhr. ... Uhr ...

5a Hör zu. Sieh dir den Stundenplan an. Richtig oder falsch? (1–6)

Beispiel: 1 Richtig

	Mo.
08.00-08.45	Englisch
08.50-09.35	Erdkunde
09.55-10.40	Deutsch
10.45-11.30	Geschichte
11.45-12.30	Französisch

Partnerarbeit. Sieh dir den Stundenplan an.

Beispiel:
▲ Wann beginnt (Englisch) am Montag?
● Um (acht Uhr). Wann beginnt (Geschichte) am Montag?

Wann beginnt ... am ...?
Um ...

Lies das Fernsehprogramm und beantworte die Fragen.

Was beginnt ...

Beispiel: 1 Heute

1. um siebzehn Uhr?
2. um achtzehn Uhr dreißig?
3. um sechzehn Uhr zwanzig?
4. um siebzehn Uhr fünfzehn?

Wann beginnt ...

Beispiel: 5 um siebzehn Uhr fünfzehn (17.15)

5. das Musikquiz?
6. Aus Afrika?
7. Tom und Jerry?
8. Beethoven?

16.00 **Tom und Jerry** – Zeichentrickfilm
16.20 **Eins, zwei, drei** – Sportschau, Fußball aus Frankreich und Schwimmen aus Australien
17.00 **Heute** – Nachrichten und Wetter
17.15 **Musikquiz** – Quizmaster Weber stellt Fragen
17.45 **Aus Afrika** – diese Woche: Elefanten, Zebras und Löwen
18.30 **Beethoven** – USA Spielfilm, der Hund heißt Beethoven

Beschreib drei Fernsehsendungen.

Beispiel: „Top of The Pops" ist am Freitag um neunzehn Uhr dreißig. Das finde ich toll.

MINI-TEST

Check that you can:
- say which school subjects you have
- ask a friend about his/her timetable
- ask for and give opinions about school subjects
- ask a friend about his/her favourite school subject and say what yours is
- count to 60
- ask and give the time
- ask and say when things start

4 In der Klasse (2)

Asking for help in the German classroom
Talking to your teacher

Probleme in der Klasse 6F!

LESEN **1a** **Was passt zusammen?**
Beispiel: 1 g

1. Mrs Schneider, have you got a pen?
2. Hello, Mr Dudelmann.
3. Thanks.
4. How do you say 'P.S.E.' in German?
5. I don't understand that.
6. Pardon?
7. Again, please.
8. Yes.
9. I've got a problem!
10. How do you say 'Hausaufgaben' in English?
11. Have you got a dictionary?
12. Here's a pencil.

HÖREN **1b** **Hör zu und wiederhole. Wer ist das? (1–10)**
Beispiel: 1 e

Grammatik

You

du	**Sie**
Partner/Partnerin	*Lehrer/Lehrerin*
Hast **du** einen Hund?	Haben **Sie** einen Hund?

Lern weiter ▶ 2.2, Seite 116

SCHREIBEN **2** **Was fragst du? Schreib die Fragen auf.**
What do you ask? Write the questions.
Beispiel: a Haben Sie ein Buch?

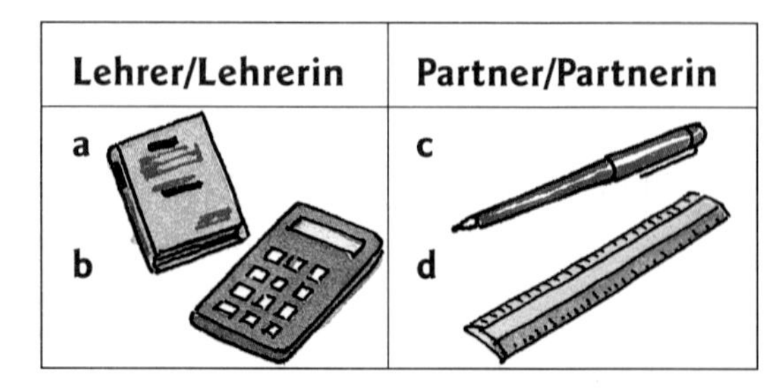

Lehrer/Lehrerin	**Partner/Partnerin**
a	c
b	d

3a Hör zu und sing mit.

Was hast du am Montag in der ersten Stunde?
Ich habe Musik mit Frau Lehm
Aber meine Trompete ist zu Hause
Und ich habe ein Problem.

Was hast du am Montag in der zweiten Stunde?
Dann habe ich Mathe mit Herrn Sicht
Aber heute habe ich Hausaufgaben
Und ich verstehe sie nicht.

Was hast du am Montag in der dritten Stunde?
Ach, das ist Deutsch mit Herrn Handke
Aber ich finde es anstrengend – es ist nicht gut.
Also, Montag um zehn Uhr – nein, danke!

Was hast du am Montag in der vierten Stunde?
Geschichte mit Frau Obergierig.
Die Stunde beginnt um elf Uhr zehn
Und ich finde es wirklich sehr schwierig.

Was hast du am Montag in der fünften Stunde?
Ja, das ist Naturwissenschaften.
Wie bitte? Nochmal? Wie schreibt man das?
N.A.T.U.R.W.I.S.S.E.N.S.C.H.A.F.T.E.N!

3b Was ist am Montag? Lies das Lied und ordne die Fächer.

What's on Monday? Read the song and put the subjects in the right order.

Beispiel: d, ...

a  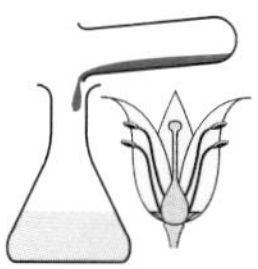

b 

c 

d 

e 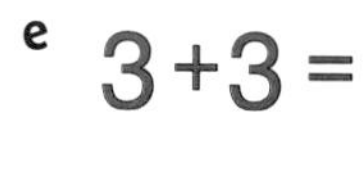

3c Beantworte die Fragen.

Beispiel: 1 Frau Lehm.

1 Wie heißt die Musiklehrerin?
2 Wann beginnt Deutsch am Montag?
3 Wie findet der Junge Geschichte?
4 Was findet er anstrengend?
5 Was hat er in der zweiten Stunde?
6 Welches Instrument spielt er?

4 So spricht man „ei/ie" aus! Hör zu und wiederhole.

Schreiben		Sprechen
ei	=	i
ie	=	ee

5 Das Pausenbrot

Asking a friend what he/she eats at break and saying what you eat
Asking a friend what he/she drinks at break and saying what you drink

1 **Hör zu und wiederhole.**

Ich esse ...
Ich trinke ...

a einen Orangensaft
b eine Cola
c ein Butterbrot
d ein Stück Kuchen
e Chips
f Kekse
g Schokolade
h eine Banane
i einen Apfel
j eine Orange
k nichts

2 **Hör zu. Was essen sie? Was trinken sie? (1–6)**
Beispiel: 1 Apfel, Kuchen; Orangensaft

3a **Partnerarbeit. Bist du Lars, Miriam, Jürgen, Anna, Stefan oder Mesut?**

Beispiel:
▲ Was trinkst du in der Pause?
● Ich trinke (einen Orangensaft).
▲ Und was isst du in der Pause?
● Ich esse (Kekse und eine Banane).
▲ Du heißt (Lars).

Was	isst trinkst	du	in der Pause?

Ich	esse	einen Apfel / eine Orange / ...
	trinke	einen Orangensaft / eine Cola / ...

a Lars

b Miriam

c Jürgen

d Anna

e Stefan

f Mesut

3b **Was essen und trinken Lars, Miriam, Jürgen, Anna, Stefan und Mesut? Was sagen sie?**
Beispiel: a Ich bin Lars. Ich esse eine Banane und Kekse. Ich trinke einen Orangensaft.

HÖREN **4a** **Hör zu. Welcher Tag ist das? (1–6)**
Beispiel: **1** Donnerstag

Ein Pausenbrot pro Tag

Montag: 2 Scheiben Brot, Salami, Salat, Mayonnaise.

Dienstag: 2 Scheiben Brot, 1 Banane, Nutella.

Mittwoch: 2 Scheiben Brot, Butter, Tomaten, Salat, Chips.

Donnerstag: 2 Scheiben Brot, Emmenthaler, 1 Apfel.

Freitag: 2 Scheiben Brot, Butter, Marmelade.

Samstag: 1 Butterbrot.

Wann isst man das? *When do they eat this?*
Beispiel: a Dienstag

a 
b 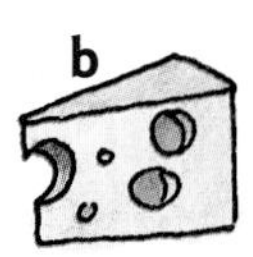
c 
d 
e 
f 

Was findest du gut? Was findest du nicht gut? Mach zwei Listen.
What do you like? What don't you like? Write two lists.

☺	☹
Salami	Chips

Beschreib dein Lieblingspausenbrot. *Describe your favourite sandwich for break.*
Beispiel: Mein Lieblingspausenbrot ist Brot mit Salami und Emmenthaler.

Ergänze die Fragen.
Beispiel: **1** Wie heißt du?

1. Wie ... du?
2. Wo ... du?
3. Wie alt ... du?
4. Wie ... du Informatik?
5. Was ... du in der Pause?
6. Was ... du in der Pause?

Partnerarbeit. Benutze die Fragen aus Übung 5a und mach ein Interview. Schreib es auf.
Use the questions from exercise 5a and do an interview. Write it down.
Beispiel: ▲ Wie heißt du?
● Ich heiße ...

The present tense

	ich	**du**
trinken	trink**e**	trink**st**
wohnen	wohn**e**	wohn**st**

PASS AUF!

finden	find**e**	find**est**
sein	**bin**	**bist**
haben	hab**e**	**hast**
essen	ess**e**	**isst**
heißen	heiß**e**	**heißt**

Lern weiter ▶ 3, Seite 116

6 Was trägst du zur Schule?

Saying what you wear to school
Asking a friend what he/she wears to school

Lies die Texte. Wer ist das?
Beispiel: 1 Jürgen

Was trägst du zur Schule?

1 Ich trage eine Hose und ein T-Shirt. Ich trage auch Sportschuhe. Die finde ich gut!

2 Ich trage eine Jeans und ein Sweatshirt. Das Sweatshirt ist bunt und die Jeans ist rot. Ich trage Sportschuhe.

3 Ich trage einen Pullover und eine Jeans. Der Pullover ist weiß und die Jeans ist grün! Ich trage auch eine Jacke und Schuhe.

4 Ich trage einen Rock und ein Hemd. Das Hemd ist weiß. Ich trage auch eine Krawatte. Meine Schuhe sind schwarz.

2 **Hör zu. Was tragen Miriam, Stefan und Jürgen zur Schule?**
Beispiel: Miriam: Rock, ...

Was tragen sie? Was sagen sie?
Beispiel: a Ich trage einen Rock.
Der Rock ist bunt.

Ich trage	einen	Pullover/Rock.
	eine	Hose/Jacke/Jeans.
	ein	Hemd/T-Shirt/Sweatshirt.
	–	Schuhe/Sportschuhe.

Ich trage + *accusative*

m	ein Pullover	→	Ich trage **einen** Pullover.
f	eine Hose	→	Ich trage **eine** Hose.
n	ein Hemd	→	Ich trage **ein** Hemd.

Lern weiter ▶ 1.4b, Seite 113

Gruppenspiel. Würfle und erhalte eine Schuluniform! Wer hat zuerst eine Schuluniform?
Throw the die to get a school uniform! Who's the first to get a school uniform?

Beispiel: ▲ Was trägst du zur Schule?
● *Throw the die!*
Ich trage (eine Jacke).
Was trägst du zur Schule?
▲ *Throw the die!*
Ich trage (Sportschuhe).

Was trägst du zur Schule?
Beschreib deine Schuluniform.

Beispiel: Ich trage einen Pullover.
Der Pullover ist blau. Ich trage...

Lies den Text. Wer ist das?
Beispiel: a Bettina

Bettina trägt ein T-Shirt.

Melanies Sweatshirt ist nicht bunt.

Verena trägt eine Hose.

Claudias Sportschuhe sind weiß und schwarz.

Bettina trägt weiße Sportschuhe – sie findet die Sportschuhe toll.

Verenas Hose ist schwarz.

Claudias Rock ist toll.

Melanie trägt eine Hose.

7 Die Fußballschule

Fußballschule

Hallo. Ich heiße Jens und ich bin dreizehn Jahre alt. Meine Schule heißt die Portas-Fußballschule. Das ist in Dietzenbach in Deutschland. Fußball ist mein Lieblingssport. Die Schule beginnt um neun Uhr. Am Montag habe ich Mathe, Englisch und dann eine kleine Pause. In der Pause esse ich ein Butterbrot und trinke einen Orangensaft. Nach der Pause um zehn Uhr vierzig beginnt die erste Fußballstunde. Das ist mit Herrn Becken. In der Fußballstunde trage ich Sportschuhe, Shorts und ein T-Shirt. Die vierte Stunde am Montag ist Informatik – das finde ich schwierig und langweilig. Die Mittagspause beginnt um zwölf Uhr zwanzig und dann habe ich Fußball, Fußball, Fußball!! Toll!

	MONTAG
09.00	Mathe
09.45	
10.30	PAUSE
10.40	
11.20	
12.20	MITTAGSPAUSE
14.15	
15.00	
15.45	

LESEN **1a** **Lies den Text. Schreib den Stundenplan für Montag ab und ergänze ihn.**
Read the text. Copy and complete the timetable for Monday.

Lies den Text und den Stundenplan nochmal. Wähl die richtige Antwort aus.
Beispiel: 1 Jens ist 13 Jahre alt.

1 Jens ist **11** / **12** / **13** Jahre alt.

2 Jens findet  super.

3 Die Fußballschule beginnt um  Uhr.

4 In der Pause isst Jens  .

5 In der Pause trinkt Jens  .

6 In der Fußballstunde trägt er .

7 Die **7.** / **6.** / **5.** Stunde beginnt um fünfzehn Uhr fünfundvierzig.

8 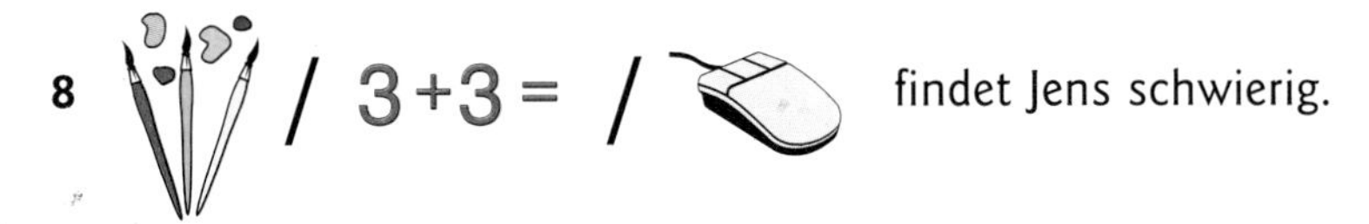 findet Jens schwierig.

2 **Hör zu. Wie findet Jens die Fächer?** *What does Jens think of the school subjects?*
Beispiel: a Fußball – super

a  **b**  **c**  **d** 

e **f** 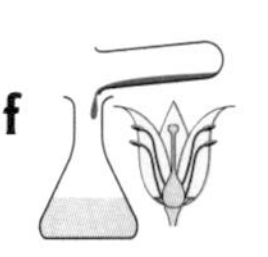 **g**  **h** 

3a **Wie ist der Montag an deiner Schule? Halte einen Vortrag.**
What is Monday like at your school? Give a presentation.

Die Schule beginnt um ...

Am Montag habe ich ... . Das finde ich ...

Die Pause beginnt um ...

In der Pause esse ich ...

Ich trage ...

In der Pause trinke ich ...

Die ... Stunde ist ... . Das beginnt um ... . Das finde ich ...

Die Mittagspause ist um ...

Schreib deinen Vortrag auf. Der Artikel auf Seite 34 hilft dir dabei.
Write out your presentation. The article on page 34 will help you.

Lernzieltest Check that you can:

1	• say which school subjects you have	*Ich habe Deutsch, Englisch, Mathe ...*
	• ask a friend about his/her timetable	*Was hast du am Montag in der zweiten Stunde?*
2	• ask for and give opinions about school subjects	*Wie findest du Englisch? Ich finde Mathe langweilig.*
	• talk about your favourite school subjects	*Was ist dein Lieblingsfach? Mein Lieblingsfach ist Französisch.*
3	• count to 60	*zweiunddreißig, vierzig, fünfzig ...*
	• ask and give the time	*Wie spät ist es? Es ist vier Uhr dreißig.*
	• ask and say when things start	*Wann beginnt Mathe am Montag? Um neun Uhr.*
4	• ask for help in the German classroom	*Ich habe ein Problem. Wie bitte?*
	• talk to your teacher	*Ja, Herr Taylor. Haben Sie einen Bleistift?*
5	• ask a friend what he/she eats at break and say what you eat	*Was isst du in der Pause? Ich esse einen Apfel.*
	• ask a friend what he/she drinks at break and say what you drink	*Was trinkst du in der Pause? Ich trinke eine Cola.*
6	• say what you wear to school and ask a friend what he/she wears to school	*Ich trage einen Pullover und eine Hose.* *Was trägst du zur Schule?*

Wiederholung

HÖREN

1 Hör zu. Welche Uhr ist das? (1–6) *Which clock is it?*
Beispiel: 1 f

a 02.15 **b** 07.15 **c** 17.35 **d** 10.55
e 04.40 **f** 12.30 **g** 13.45 **h** 20.20

2 Hör zu. Wie heißen sie? (1–5) *What are their names?*
Beispiel: 1 Karl

3 Partnerarbeit. Mach Rechenaufgaben bis 60.

Beispiel: ▲ Was ist (dreißig und zweiundzwanzig)?
● Das ist (zweiundfünfzig).

4 Klassenumfrage. Mach zehn Interviews über Essen und Trinken.
Class survey. Do ten interviews about eating and drinking.

Beispiel: ▲ Kirsty, was isst du in der Pause?
● Ich esse (ein Butterbrot).
▲ Was trinkst du in der Pause?
● Ich trinke (nichts).

Name	Essen	Trinken
1 Kirsty	Butterbrot	nichts
2		

5 Ist das im Text? Ja oder nein? *Is it in the text? Yes or no?*

Beispiel: a Nein

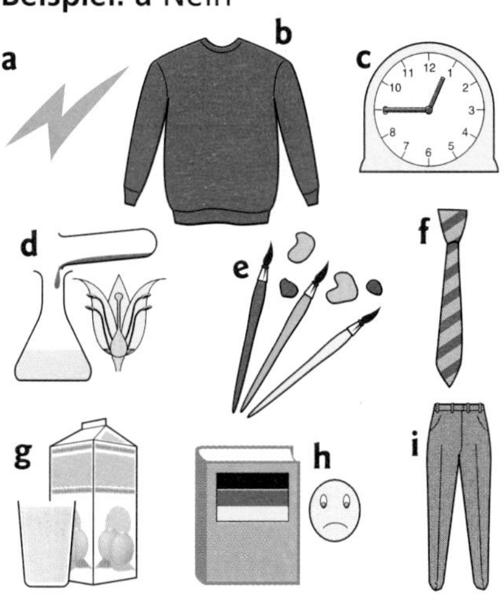

Meine Schule heißt Brooks Community College. Das ist in Wales. Ich finde die Schule toll. Zur Schule trage ich eine Hose, ein Hemd und ein Sweatshirt. Das Sweatshirt ist rot. Ich trage auch eine rote und grüne Krawatte.

Der beste Tag ist Mittwoch. Der Tag beginnt um acht Uhr fünfzig mit zweimal Sport. Dann habe ich Theater, Kunst, Englisch und Deutsch. Deutsch ist mein Lieblingsfach – ich finde Deutsch sehr interessant.

Die Mittagspause beginnt um zwölf Uhr dreißig – ich esse ein Brot mit Salami und Salat. Ich trinke einen Orangensaft oder Wasser.

6 Wie findest du das?

Beispiel: a Deutsch finde ich anstrengend.

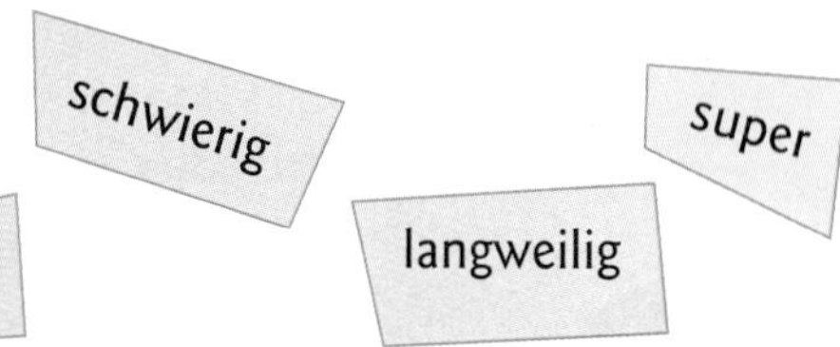

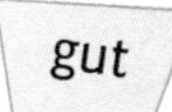

nicht so gut

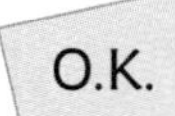

a 

b 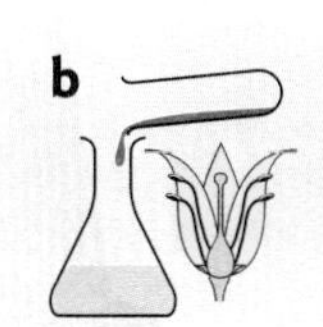

c 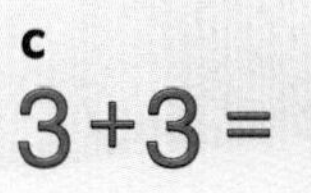

d 

e 

f 

g 

7 Was trägst du zur Party?

Beispiel: Ich trage eine Jeans und ein T-Shirt. Die Jeans ist blau und das T-Shirt ...

3 Meine Familie

1 Geschwister

Asking a friend if he/she has got any brothers and sisters
Saying if you have got any brothers and sisters

Hör zu und wiederhole. (1–5)

1 Ich habe einen Bruder.

2 Ich habe eine Schwester.

3 Ich habe keine Geschwister.

4 Ich habe zwei Schwestern.

5 Ich habe zwei Brüder.

2 Hör zu. Haben sie Geschwister? (1–8)
Beispiel: 1 (2 stick figures)

Partnerarbeit. Sieh dir die Fotos unten an. Bist du Lan, Matthias, Felix, Julia, Sophie oder Christian?

Beispiel:
▲ Hast du Geschwister?
● Ja, ich habe (eine Schwester).
▲ Du bist (Matthias).
● Ja. Hast du Geschwister?

Julia

Sophie

Christian

Lan

Felix

Matthias

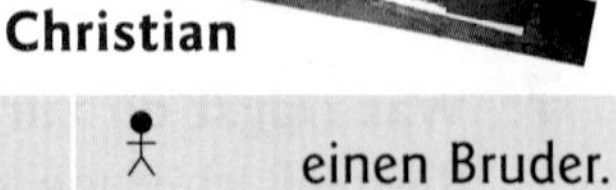

Ich habe ...		einen Bruder.
		zwei Br**ü**der.
		eine Schwester.
		zwei Schwester**n**.
		keine Geschwister.

Lies den Text. Wie heißen sie?
Beispiel: a Heike

Hallo. Ich heiße Heike. Ich wohne in Zell am See – das ist in Österreich. Ich habe einen Bruder und zwei Schwestern. Mein Bruder heißt Florian. Er ist vierzehn Jahre alt und sein Geburtstag ist am 24. Dezember – Weihnachten! Das findet er nicht gut. Meine Schwestern heißen Annika und Natascha. Annika ist achtzehn Jahre alt. Sie ist Studentin und sie wohnt in Salzburg. Natascha ist elf Jahre alt. Sie findet Fußball toll.

Beantworte die Fragen.
Beispiel: 1 18 Jahre alt.

1 Wie alt ist Annika?
2 Wer ist vierzehn Jahre alt?
3 Wie viele Schwestern hat Natascha?
4 Wie heißt Annikas Bruder?
5 Wo wohnt Heike?
6 Wo wohnt Annika?
7 Wann hat Florian Geburtstag?

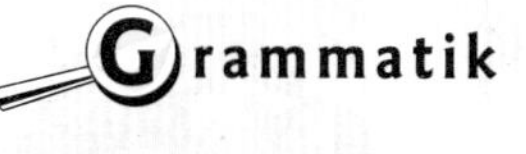

Üb die Fragen.

Question words

Wer?	*Who?*
Wann?	*When?*
Wie?	*How?*
Wie viele?	*How many?*
Was?	*What?*
Wo?	*Where?*

Lern weiter ▶ 4.3a, Seite 120

Hör zu und mach Notizen. (1–4)
Listen and make notes.
Beispiel: 1 6 Jahre

Klassenumfrage. Mach eine Tabelle und füll sie aus.
Beispiel:
▲ Hast du Geschwister?
● Ja, ich habe (einen Bruder, Samuel).
▲ Wie alt ist (er)?
● (Er) ist (fünf) Jahre alt. Ich habe auch (zwei Schwestern, Poppy und Naomi).
▲ Wie alt ist (Poppy)?
● (Sie) ist (zehn) Jahre alt und (Naomi) ist (acht) Jahre alt.

He* and *she

Wie alt ist **Stefan**? **Er** ist 12 Jahre alt.
Wie alt ist **Miriam**? **Sie** ist 13 Jahre alt.

Lern weiter ▶ 2, Seite 115

0–5 Jahre	6–10 Jahre	11–15 Jahre	16–20 Jahre	21+ Jahre

2 Haustiere

Asking a friend if he/she has got any pets and saying if you have got any pets
Asking a friend about the pets he/she likes/dislikes
Saying which pets you like/dislike

HÖREN **1a** **Hör zu und wiederhole. Wer ist das? (1–10)**
Beispiel: 1 e

Hast du Haustiere?

SCHREIBEN **1b** **Schreib die Tabelle ab und ordne die Haustiere ein.**
Copy the grid and put the pets above in the correct column.

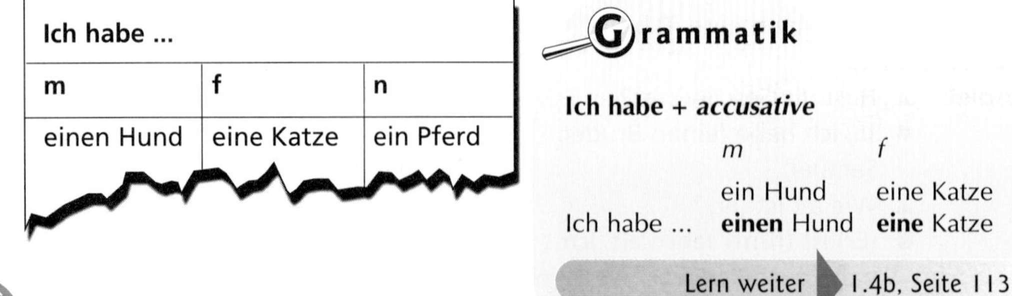

Ich habe ...		
m	f	n
einen Hund	eine Katze	ein Pferd

Grammatik

Ich habe + *accusative*

	m	*f*	*n*
	ein Hund	eine Katze	ein Pferd
Ich habe ...	**einen** Hund	**eine** Katze	**ein** Pferd

Lern weiter ▶ 1.4b, Seite 113

2 **Partnerarbeit. Wähl ein Bild aus.**
Beispiel: ▲ Hast du Haustiere?
● Ja, ich habe (ein Kaninchen und ...).
▲ Das ist (**d**).
● **Ja. Hast du Haustiere?**

3 Hör zu. Haben sie Haustiere? (1–8)

Beispiel: 1 Katzen × 2, Maus × 1

4 Partnerarbeit. Memoryspiel. Wer hat die meisten Haustiere?

Memory game. Who has the most pets?

Beispiel:
▲ Ich habe (**einen** Hund).
● Ich habe (**einen** Hund) und (**zwei** Katzen).
▲ Ich habe (**einen** Hund, **zwei** Katzen) und (**drei** Vögel).

Grammatik

Plurals

	Ich habe ...
der Hund(-e)	zwei Hund**e**.
der Goldfisch(-e)	vier Goldfisch**e**.
der Vogel(¨)	drei V**ö**gel.
die Katze(-n)	vier Katze**n**.
die Schlange(-n)	zwei Schlange**n**.
die Maus(¨e)	fünf M**ä**us**e**.
das Pferd(-e)	drei Pferd**e**.
das Kaninchen(-)	sieben Kaninchen.
das Meerschweinchen(-)	sechs Meerschweinchen.

Lern weiter ▶ 1.3, Seite 112

5a Was heißt das auf Deutsch? Schau in den Wortschatz.

Beispiel: a die Spinne(-n)

a 

b 

c d e 

f 

5b Hör zu. Welches Tier ist das? Positiv (☺) oder negativ (☹)? (1–6)

Beispiel: 1 a ☺

6 Partnerarbeit. Stell Fragen über sechs Haustiere.

Ask questions about six pets.

Beispiel:
▲ Wie findest du (Hamster)?
● Ich finde (Hamster) (super). Wie findest du (Spinnen)?
▲ Ach, ich finde (Spinnen) (nicht gut).

toll | super | O.K. | langweilig | nicht gut

Wie findest du	Mäuse/Kaninchen/ Katzen/Hunde/...	?
Ich finde		toll/O.K./...

7 Hast du Haustiere? Welche Tiere findest du (nicht) gut?

Beispiel: Ich habe einen Hund und eine Katze. Ich finde Hunde und Katzen super. Ich finde auch Spinnen super, aber ich finde Hamster langweilig.

3 Beschreibungen

Asking what other people look like and describing other people
Saying what you look like

1a Hör zu. Wer ist das? (1–6)
Beispiel: 1 Paul

1b Beschreib die Bilder.
Beispiel: Jacinta hat lange, braune Haare und grüne Augen. Sie ist groß und sehr schlank.

1c Partnerarbeit. Sieh dir die Bilder an.
Beispiel: ▲ Wie sieht (Ralf) aus?
● Er hat (kurze, blonde Haare und grüne Augen). Er ist (mittelgroß).

Wie sieht		Ralf/Veronika/...	aus?
Er	hat	lange/kurze/lockige/glatte/ blonde/braune/schwarze	Haare.
		blaue/grüne/braune	Augen.
Sie	ist	mittelgroß.	
		sehr/ziemlich	klein/groß/schlank/dick.

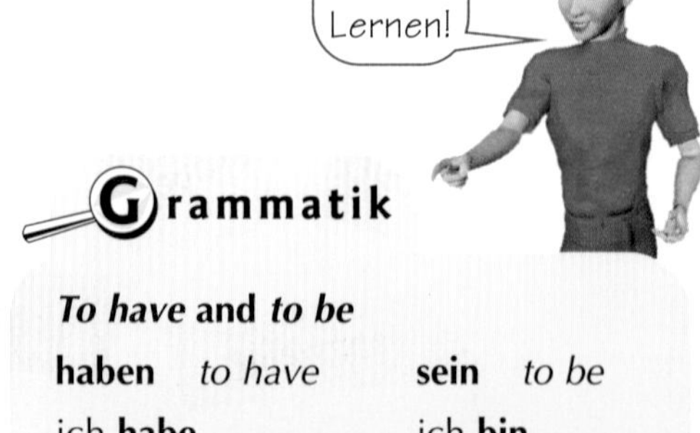

Grammatik

To have* and *to be

haben *to have*	**sein** *to be*
ich **habe**	ich **bin**
du **hast**	du **bist**
er/sie/es **hat**	er/sie/es **ist**

Lern weiter 3.3, Seite 117

Lies die E-Mail. Richtig, falsch oder nicht im Text?
True, false or not in the text?
Beispiel: 1 Nicht im Text

1 Jürgen hat lockige Haare.
2 Er hat blaue Augen.
3 Er ist sehr groß.
4 Er trägt Sportschuhe zur Schule.
5 Er findet grün langweilig.
6 Frau Sauerwein ist Lehrerin.
7 Jürgen findet Informatik toll.
8 Frau Sauerwein hat braune Haare.

Betrifft: Wie siehst du aus?
Datum: 22.02. 10:24:23
Von: Klasse 5A, Ville-Gymnasium
An: Brooks Community College (Wales) / Collège Victor Hugo (Frankreich)

Hallo!
Vielen Dank für die E-Mails. Ich finde E-Mails aus Wales und Frankreich sehr interessant! Heute beantworte ich die große Frage: „Wie siehst du aus?“ Also, ich habe kurze, schwarze Haare und braune Augen. Ich bin ziemlich klein. Zur Schule trage ich normalerweise eine Jeans und ein T-Shirt oder ein Sweatshirt – grün ist meine Lieblingsfarbe.

Ich bin in der Informatikstunde. Das ist mein Lieblingsfach. Die Lehrerin heißt Frau Sauerwein – sie ist 60 (??!!) Jahre alt und sehr groß. Sie hat lange, schwarze, lockige Haare. Sie ist super.

Und du? Wie siehst du aus?
Tschüs, Jürgen :)

Und du? Wie siehst du aus?
Beispiel: Ich habe lange, lockige, braune Haare und grüne Augen. Ich bin mittelgroß.

Was ist dein Lieblingsfach? Beschreib den Lehrer / die Lehrerin.
Beispiel: Mein Lieblingsfach ist Sport. Der Lehrer heißt Herr Graf. Er ist 25 Jahre alt. Er ist ziemlich groß und er hat kurze, braune Haare. Er ist super.

MINI-TEST

Check that you can:
- ask a friend if he/she has got any brothers and sisters and say if you have got any brothers and sisters
- ask a friend if he/she has got any pets and say if you have got any pets
- ask a friend about the pets he/she likes/dislikes and say which ones you like/dislike
- ask what other people look like and describe other people
- say what you look like

4 Stefans Familie

Asking a friend about the members of his/her family
Talking about the members of your own family

mein Großvater—meine Großmutter

mein Onkel—meine Tante

meine Mutter—mein Vater

meine Cousine

mein Cousin

Stefan – das bin ich!

Hör zu. Wer ist das? Wie alt sind sie?
Beispiel: Norbert = Onkel = 47

Norbert	Annaliese	Ingeborg	Sylvia
Renate	Martin	Walther	Erich

LESEN **1b** **Beantworte die Fragen.**
Beispiel: 1 8 Jahre alt.

1 Wie alt ist Martins Schwester?
2 Wie heißt Sylvias Bruder?
3 Wie heißt Sylvias Vater?
4 Wie alt ist Stefans Tante?
5 Wer ist 56 Jahre alt?
6 Wer hat einen Bruder?
7 Wer ist 36 Jahre alt?
8 Wer hat keine Geschwister?

Partnerarbeit.
Beispiel:
▲ Wie heißt Stefans (Onkel)?
● Er heißt (Norbert).
▲ Wie alt ist (er)?
● (Er) ist (siebenundvierzig) Jahre alt.
Wie heißt Stefans (Mutter)?

Deutsch ohne Apostroph (Stefan's). Englisch mit Apostroph (Stefan's).

Wie heißt Stefans Mutter/Vater/...?
Er/Sie heißt ...
Wie alt ist er/sie?
Er/Sie ist ... Jahre alt.

Deutsch	**Englisch**
Stefans Onkel	*Stefan's uncle*
Sylvias Bruder	*Sylvia's brother*

Schreib Sätze.

Beispiel: Meine Großmutter ist 80 Jahre alt. Deine Großmutter ist 60 Jahre alt.

	meine Familie	*deine Familie*
Großmutter	*80 Jahre alt*	*60 Jahre alt*
Vater	*interessant*	*langweilig*
Schwester	*lange Haare*	*kurze Haare*
Mutter	*sehr groß*	*ziemlich klein*

My* and *your

	m	*f*
my	**mein**	**meine**
your	**dein**	**deine**
	Bruder	Schwester
	Vater	Mutter
	Großvater	Großmutter
	Onkel	Tante
	Cousin	Cousine

Lern weiter 1.5, Seite 114

SPRECHEN

3 Partnerarbeit. Wer ist in deiner Familie? Mach eine Liste. Tauscht die Listen.

Beispiel: ▲ Wie heißt (dein Onkel)?
● (Mein Onkel) heißt (Harry).
▲ Wie alt ist (dein Onkel)?

Wie heißt	dein	Vater/Onkel/...?
	deine	Mutter/Tante/...?

Mein	Vater/Onkel/...	heißt ...
Meine	Mutter/Tante/...	

HÖREN

4a Hör zu und sing mit.

Ich habe Konfirmation
Ich bin dreizehn Jahre alt
Ich habe eine Party
Und sie beginnt jetzt bald.

Klopf, klopf Es klopft! Wer ist das?
Na, guten Tag, Onkel Hans
Und hier ist Tante Waltraud
Und auch mein Cousin Franz.

Mein Bruder hat lange, grüne Haare
Er trägt eine rote Krawatte
Er bringt auch ein Geschenk für mich
Ach nein, das ist eine Ratte!

Meine Mutter macht Konversation
Die ganze Familie ist hier
Aber mein Vater findet es langweilig
Und trinkt noch ein Bier.

Meine Großmutter bringt einen Kuchen
Er ist groß und auch sehr bunt
Sie bringt auch viel Schokolade
Aber die frisst leider der Hund.

Die Party endet um zehn Uhr
Alles einpacken! Es ist aus!
Aber was ist das in der Küche?
Ach nein, ich sehe eine Maus!

Wer ist das?

Beispiel: a Großmutter

5 Bist du kreativ?

Asking about people's characteristics
Talking about people's characteristics

1 Hör zu. Was passt zusammen? (1–9)
Beispiel: 1 c

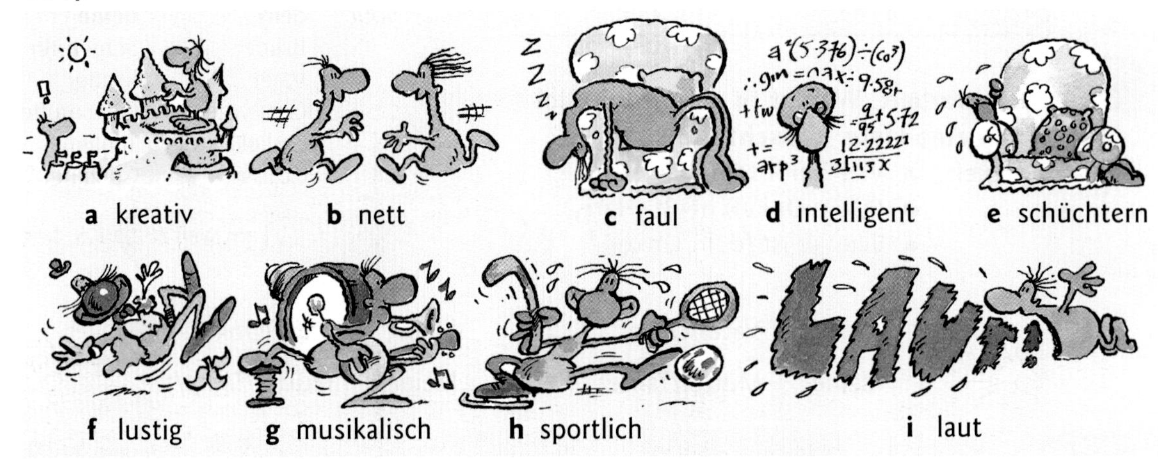

a kreativ **b** nett **c** faul **d** intelligent **e** schüchtern
f lustig **g** musikalisch **h** sportlich **i** laut

2 Hör zu. Wie sind sie? (1–4)
Beispiel: 1 f (lustig), i (laut)

1 Walther

2 Renate **3** Martin **4** Sylvia

3 Partnerarbeit.
Beispiel: ▲ Wie ist (deine Mutter)?
● (Sie) ist (sehr sportlich und ziemlich laut). Wie ist (dein Bruder)?

Wie ist	dein	Vater/...?
	deine	Mutter/...?

Er	ist	sehr	musikalisch/sportlich/faul/
			intelligent/nett/lustig/laut/
Sie		ziemlich	schüchtern/kreativ.

4 Beschreib dich und deine Familie. Benutze die Adjektive aus Übung 1.
Describe yourself and your family. Use the adjectives from exercise 1a.
Beispiel: Ich heiße John. Ich bin ... . Meine Mutter heißt ... . Sie ist ...

Ich	heiße ...	Ich	bin	... Jahre alt.
Meine Schwester	heißt ...	Sie	ist	laut und lustig.
Mein Bruder		Er		faul, aber sehr kreativ.

5a Wer ist das?

Beispiel: 1 Uwe

1 Er hat lockige, braune Haare. Er ist sportlich. Er heißt ...
2 Er hat lange, blonde Haare und er ist sehr musikalisch. Er heißt ...
3 Er ist sehr lustig und sehr groß! Er hat schwarze, lockige Haare. Er heißt ...
4 Er ist klein und lustig. Er hat schwarze Haare. Er heißt ...
5 Er ist klein und er hat braune Haare. Er ist musikalisch. Er heißt ...
6 Er hat kurze, blonde Haare. Er ist sehr sportlich. Er heißt ...

5b Partnerarbeit. Das Ja–Nein-Spiel. Wähl einen Jungen oben aus. Wer ist das?

The yes–no game. Choose a boy above. Who is it?

Beispiel:
▲ Hat er (blonde Haare)?
● (Ja).
▲ Ist er (musikalisch)?
● (Nein).
▲ Ist er (sportlich)?
● (Ja).
▲ Heißt er (Ralf)?
● Ja!

Asking questions

1		2		3
Verb	+	*subject*	+	*rest of sentence*
Ist		er		lustig?
Hat		er		schwarze Haare?

Lern weiter 4.3b, Seite 120

6 Lies nochmal die Sätze aus Übung 5a. Beschreib Oliver, Franz und Bernd.

6 Briefe

Understanding a longer letter
Writing a letter

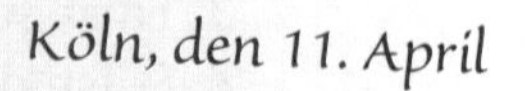

Köln, den 11. April

Liebe Kirsty,

vielen Dank für deinen Brief. Hier ist ein Foto von meiner Familie. Meine Mutter ist ziemlich klein, nicht wahr? Und mein Vater ist auch ziemlich klein! Ich habe zwei Schwestern, Claudia und Margit. Claudia ist 16 Jahre alt und Margit ist 18 Jahre alt. Margit ist sehr sportlich und sie ist ein großer Tennisfan. Claudias Lieblingsfach ist Kunst – sie ist sehr kreativ. Ich bin ziemlich musikalisch – mein Lieblingsinstrument ist das Saxophon – das finde ich toll. Ich finde Hunde super, aber mein Pudel ist nicht auf dem Foto. Er hat lockige, schwarze Haare und schwarze Augen und er ist ziemlich groß. Hast du Haustiere? Wie sieht deine Familie aus?

Schreib bald wieder.

Deine Miriam

1a Lies den Brief und wähl die richtige Antwort aus.
Beispiel: 1 a

1 Miriams Lieblingsinstrument ist

a

b

c

2 Margit mag a b c

3 Margit hat a b c

4 Claudia ist a 10 b 8 c 16

5 Miriams Hund ist a b c

6 Claudias Lieblingsfach ist a b c

1b Was heißt das auf Deutsch?

Beispiel: 1 vielen Dank für deinen Brief.

1 Thanks for your letter.
2 Yours, Miriam
3 Köln, 11 April
4 Write soon.
5 Here's a photo of my family.
6 Dear Kirsty

Beginn:	Lieber ♂,	Liebe ♀,
Ende:	Dein ♂	Deine ♀

1c Schreib die Briefe ab und ergänze sie auf Deutsch. Benutze die Sätze aus Übung 1b.

1

Köln, den 11. April

Lieber ... ♂

vielen Dank für ....

....

.... ♀

2

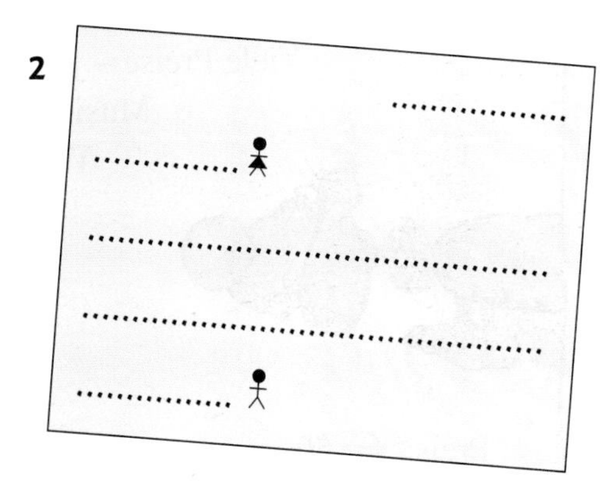

....

.... ♀

....

....

.... ♂

1d Schreib eine Antwort an Miriam.

2a Wie spricht man das auf Deutsch aus?

How do you pronounce it in German?

Elefant
Orange
Foto
Pudel
intelligent
April
Pullover
England
CD
Saxophon
Sport

Das sieht wie Englisch aus, aber man sagt es anders auf Deutsch.

2b Hör zu. Ist das Deutsch (D) oder Englisch (E)? (1–12)

Beispiel: 1 D

3 So spricht man „z" aus! Hör zu und wiederhole.

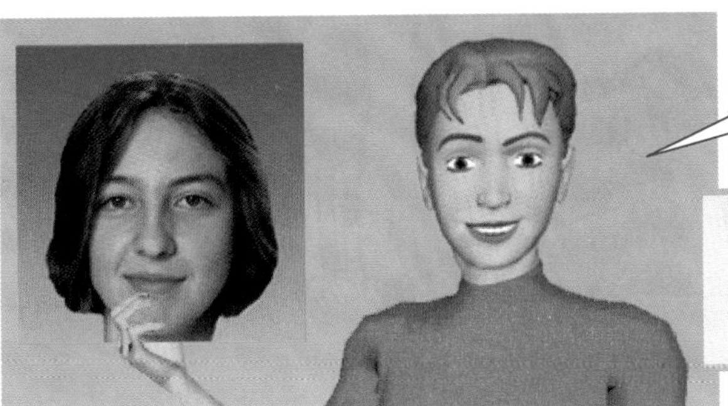

Hier ist Mit**z**i. Sie ist meine Freundin. Sie wohnt in Gra**z**. Sie ist sech**z**ehn Jahre alt. Sie hat kur**z**e, schwar**z**e Haare und sie ist **z**iemlich klein.

Schreiben		Sprechen
z	=	tz
ziemlich		tzeemlich

7 Die Hunde-Ausstellung

Ist dein Hund freundlich und lustig?
Hast du einen sportlichen Hund?

Alle sind herzlich willkommen zur Hunde-Ausstellung des Jahres!

Viele Preise – jeder gewinnt! Ein Tag für die ganze Familie!
Musik • Theater • Geschenke für Hunde
Wann? Am Sonntag, den 2. Juli
Wo? Im Grünpark
Zeit? Um 14 Uhr
Wer? Du und dein Hund

1. Preis: € 50
2. Preis: € 25

Andere Preise:

3. Preis: € 10

LESEN 1 **Lies das Poster und beantworte die Fragen.**
Beispiel: 1 am Sonntag

1 An welchem Tag ist die Hunde-Ausstellung?
2 Wo ist die Hunde-Ausstellung?
3 Was ist der zweite Preis?
4 Wann beginnt die Hunde-Ausstellung ?
5 In welchem Monat ist die Hunde-Ausstellung?
6 Was ist der erste Preis?

HÖREN 2a **Hör zu. Welcher Hund ist das? (1–5)**
Beispiel: 1 c

LESEN

2b Sieh dir die Hunde (a–h) auf Seite 50 an. Welcher Hund ist das?

Das ist Julias Hund. Er heißt Max und er ist vier Jahre alt. Er ist sehr klein und dick. Er hat lange, schwarze Haare und grüne Augen. Er ist intelligent und lustig.

2c Beschreib Hund e und Hund h auf Seite 50.

Beispiel: e Das ist Monikas Hund. Er heißt ... . Er ist ... . Er hat ...

SPRECHEN

2d Partnerarbeit. Wähl einen Hund aus Seite 50 aus. Welcher Hund ist das?

Beispiel:
- ▲ Wie sieht dein Hund aus?
- ● Er hat (lange Haare).
- ▲ Ist das Hund (**d**)?
- ● Nein. Er ist (dick).
- ▲ Ist das Hund (**b**)?
- ● Ja! Wie sieht dein Hund aus?

3 Lies den Brief und füll die Lücken aus.

Beispiel: 1 Uschi

1. Annas Tante heißt ...
2. Annas Hund heißt ...
3. Jungs trägt eine ...
4. Die Hunde-Ausstellung ist im ...
5. Die Hunde-Ausstellung beginnt um ...
6. Anna findet die ... anstrengend.
7. Jungs sieht ... aus.
8. Jungs hat den ... Preis.

Neuberg, den 2. Juni

Liebe Tante Uschi,

vielen Dank für deinen Brief und das Geschenk für Jungs. Jungs findet die Jacke super und er trägt die Jacke für die Hunde-Ausstellung heute im Grünpark. Sie beginnt um zwei Uhr. Ach, nein! Es ist schon 13.10 Uhr – bis später!

Hallo! Es ist jetzt achtzehn Uhr. Die Hunde-Ausstellung war anstrengend, aber toll. Hier ist ein Foto für dich. Jungs sieht super aus, nicht? Er hat den zweiten Preis – 25 Euro!

Schreib bald wieder!

Deine Anna

4 Dein Hund hat den ersten Preis bekommen. Beschreib deinen Hund.

Beispiel: Mein Hund heißt ... . Er ist ... . Er hat ... . Er trägt ... . Er sieht ... aus.

Lernzieltest Check that you can:

1	•	ask a friend if he/she has got any brothers and sisters and say if you have got any brothers and sisters	*Hast du Geschwister? Ich habe einen Bruder und zwei Schwestern.*
2	•	ask a friend if he/she has pets and say if you have pets	*Hast du Haustiere? Ich habe einen Hund und zwei Katzen.*
	•	ask a friend about the pets he/she likes/dislikes and say which ones you like/dislike	*Wie findest du Pferde? Ich finde Spinnen langweilig.*
3	•	ask what other people look like and describe other people	*Wie sieht Jens aus? Er hat lockige, schwarze Haare. Er ist klein.*
	•	say what you look like	*Ich habe kurze, braune Haare und blaue Augen.*
4	•	ask a friend about the members of his/her family and talk about the members of your own family	*Wie heißt deine Mutter? Mein Cousin ist 14 Jahre alt.*
5	•	ask and talk about people's characteristics	*Wie ist dein Vater? Meine Mutter ist sehr sportlich.*
6	•	understand a longer letter	
	•	write a letter	*Liebe Gabi, Lieber Franz,*

Wiederholung

HÖREN

1 Hör zu. Wie heißen sie? (1–5)
Beispiel: 1 Dieter

Sonja
Antje
Dieter
Ralf
Achim

SPRECHEN

2 Partnerarbeit. Mach Interviews. Stell fünf Fragen.

Hast du Geschwister?
Wie ist deine Mutter?
Hast du Haustiere?
Ist dein Bruder dick?
Ist deine Schwester sportlich?
Wie alt ist dein Vater?
Wie sieht deine Schwester aus?

3a Lies die Texte. Wer ist das?
Beispiel: 1 b

WO SIND SIE?

1 Neher Firat ist 14 Jahre alt. Sie hat lange, lockige, braune Haare und braune Augen. Sie ist ziemlich klein und sie ist sehr musikalisch.

2 Ulrike Zimmer ist 18 Jahre alt. Sie ist mittelgroß und sehr schüchtern. Sie hat lange, glatte, schwarze Haare und blaue Augen. Sie ist ein Fußballfan.

3 Jörg Westermann ist 16 Jahre alt. Er ist sehr groß und er hat kurze, braune Haare. Er ist sehr sportlich und er trägt immer weiße Sportschuhe.

4 Ute Heinz ist 32 Jahre alt. Sie ist sehr klein und hat lange, lockige, blonde Haare. Sie hat blaue Augen. Sie hat einen schwarzen Hund.

a

b
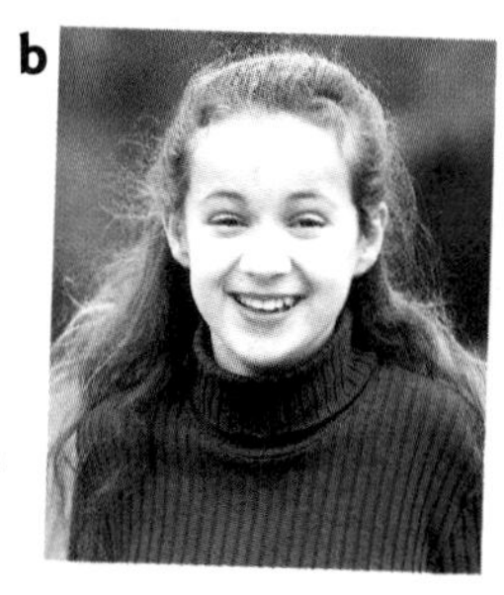
c

d

3b Lies die Texte nochmal. Wem gehört das? *Who does that belong to?*
Beispiel: a Ute Heinz

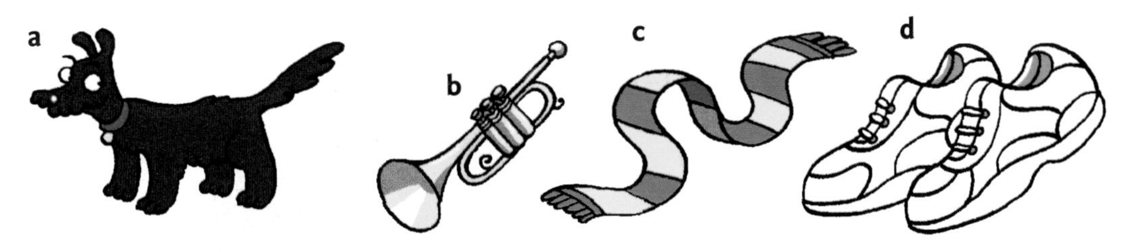

4a Schreib den Brief ab und ergänze ihn.
Beispiel: Berlin, den 16. ...

..., den 16. ...

... Martin,

vielen ... für deinen ... . Hier ... ein Foto. Ich habe zwei ..., Susanne und Bettina. Und du? Ich habe eine ... und zwei ... . Und du? Hast du ...?

... bald wieder.

... Nathalia

Deine Brief Maus
Oktober Berlin ist
Lieber Dank
Schreib Schwestern
Katzen Haustiere

4b Schreib eine Antwort an Nathalia.

4 Freizeit

1 Sport

Asking a friend which sports he/she likes
Saying which sports you like

1a Rate mal! Was passt zusammen?

Beispiel: 1 a (Tennis)

- **a** Tennis
- **b** Fußball
- **c** Schwimmen
- **d** Basketball
- **e** Rugby
- **f** Rollschuhlaufen
- **g** Radfahren
- **h** Angeln
- **i** Leichtathletik
- **j** Hockey
- **k** Tanzen

1b Hör zu und überprüfe es. (1–11)

2 Partnerarbeit. Was ist das?

Beispiel: ▲ *Mime a sport!*
● Das ist (Basketball).
▲ Ja.

3a Magst du Sport? Mach drei Listen.

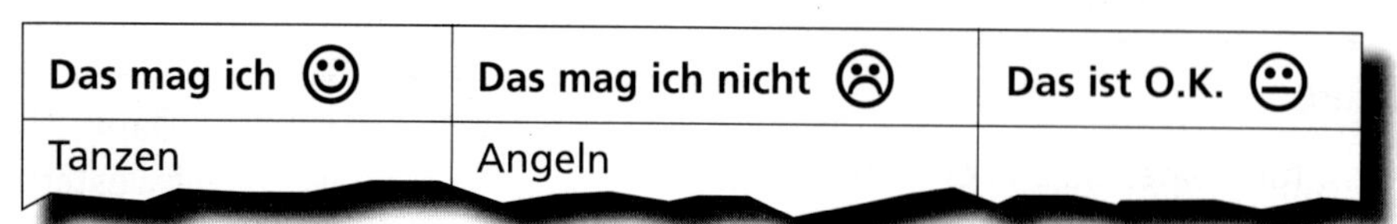

Das mag ich ☺	Das mag ich nicht ☹	Das ist O.K. 😐
Tanzen	Angeln	

3b Partnerarbeit. Benutze deine Listen aus Übung 3a.

Use your lists from exercise 3a.

Beispiel: ▲ Magst du (Tanzen)?
● (Ja, das mag ich). Magst du (Tanzen)?
▲ (Nein, das mag ich nicht).

> Magst du Tennis/Fußball/...?
> Ja, das mag ich.
> Nein, das mag ich nicht.
> Das ist O.K.

HÖREN **4** **Hör zu. Was mögen Miriam und Jürgen? Was mögen sie nicht?**
What do Miriam and Jürgen like? What don't they like?

	☺	☹
Miriam	Tennis	
Jürgen		

5 **Lies die Texte. Sind die Bilder für Steffi, Mehmet oder Nathalie?**
Beispiel: a Mehmet

Ich heiße Steffi. Tennis finde ich langweilig. Fußball mag ich nicht – das ist zu anstrengend. Rollschuhlaufen finde ich toll, und Radfahren ist super.

Ich heiße Mehmet. Ich finde Tennis gut und ich mag auch Leichtathletik – das finde ich interessant. Radfahren mag ich nicht – das finde ich nicht gut.

Ich heiße Nathalie. Tanzen finde ich ziemlich gut, aber Leichtathletik mag ich nicht. Fußball finde ich toll.

6 **Ergänze die Sätze.**
Beispiel: 1 Ich finde Fußball toll.

1 Ich finde [Fußball] ☺ .

2 [Tennis] mag ich ☹ .

3 [Rollschuhlaufen] finde ich ☹ .

4 Ich mag [Angeln]. Das finde ich ☺ .

5 [Basketball] finde ich anstrengend. Das mag ich ☹ .

Word order: verb = number 2

1	2	3
Ich	**finde**	Tennis toll.
Tennis	**finde**	ich toll.
Ich	**mag**	Tennis (nicht).
Tennis	**mag**	ich (nicht).

Verb = **finde/mag**.
Verb = always number 2 in the sentence.

Lern weiter ▶ 4, Seite 119

7 **Schreib, welche Sportarten du magst und nicht magst.**
Beispiel: Mein Lieblingssport ist Hockey. Das finde ich super. Ich mag Leichtathletik und Radfahren. Radfahren finde ich anstrengend, aber gut.

2 Hobbys

Asking a friend about his/her hobbies
Talking about your hobbies

1a **Hör zu und wiederhole. (a–l)**

Was machst du in deiner Freizeit?

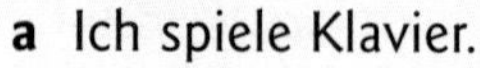

a Ich spiele Klavier.

b Ich spiele am Computer.

c Ich spiele Fußball.

d Ich gehe schwimmen.

e Ich fahre Rad.

f Ich tanze.

g Ich höre Musik.

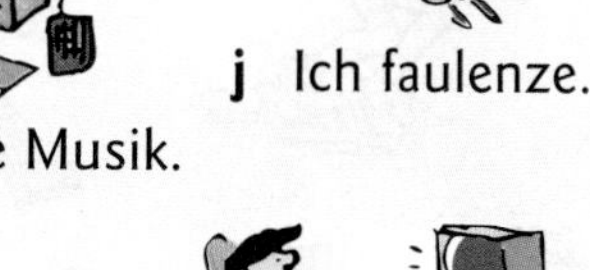

j Ich faulenze.

k Ich besuche Freunde.

i Ich lese.

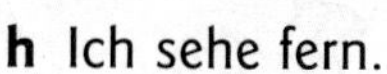

h Ich sehe fern.

l Ich gehe ins Kino.

1b **Hör zu. Was machen sie in ihrer Freizeit? (1–12)**
Beispiel: 1 j

2 **Partnerarbeit.**
Beispiel:
▲ Was machst du in deiner Freizeit?
● Ich (gehe schwimmen).
▲ *Mime the hobby!*
● Richtig! Was machst du in deiner Freizeit?

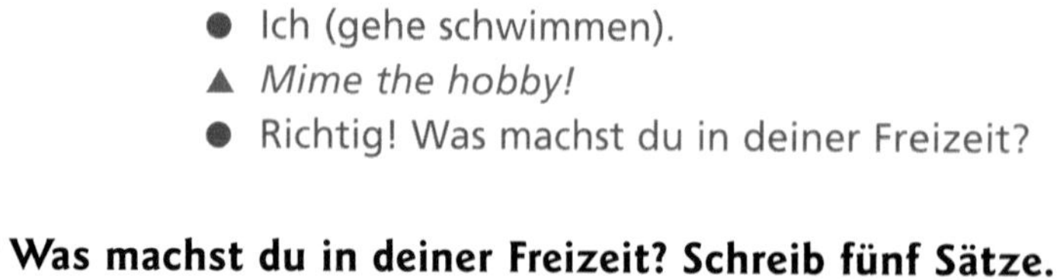

3a **Was machst du in deiner Freizeit? Schreib fünf Sätze.**
Beispiel: Ich spiele Fußball. Ich fahre Rad.

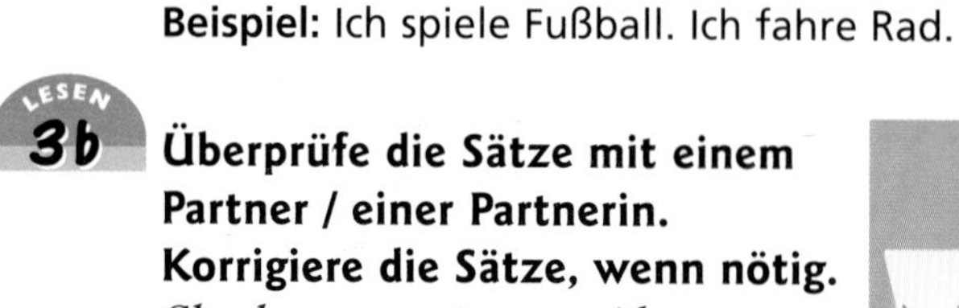

3b **Überprüfe die Sätze mit einem Partner / einer Partnerin. Korrigiere die Sätze, wenn nötig.**
Check your sentences with a partner. Correct them where necessary.

I ie K i
Ich speile Klaver

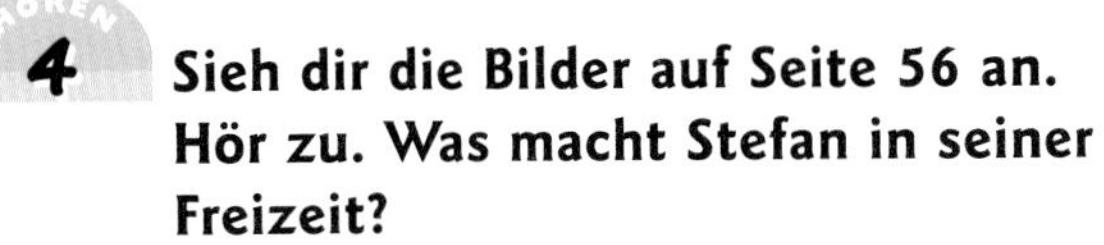

Sieh dir die Bilder auf Seite 56 an. Hör zu. Was macht Stefan in seiner Freizeit?

Beispiel: **g** (Ich höre Musik), ...

Partnerarbeit. Das Ja–Nein-Spiel. Welche drei Hobbys hat dein Partner / deine Partnerin?

Beispiel:
▲ *Write down three hobbies (e.g. fernsehen, Musik, Kino)!*
● (Spielst du Fußball)?
▲ (Nein).
● (Hörst du Musik)?
▲ (Ja).

The present tense

	ich	du
spielen	spiel**e**	spiel**st** (Spiel**st** du ...?)
hören	hör**e**	hör**st** (Hör**st** du ...?)
besuchen	besuch**e**	besuch**st** (Besuch**st** du ...?)
gehen	geh**e**	geh**st** (Geh**st** du ...?)
PASS AUF!		
faulenzen	faulenz**e**	faulenz**t** (Faulenz**t** du?)
tanzen	tanz**e**	tanz**t** (Tanz**t** du?)
fahren	fahr**e**	**fährst** (**Fährst** du ...?)
sehen	seh**e**	**siehst** (**Siehst** du ...?)
lesen	les**e**	**liest** (**Liest** du?)

Lern weiter ▶ 3, Seite 116

Was passt zusammen?

Beispiel: **1** b

1 Ich lese.
2 Ich spiele Klavier und ich höre CDs.
3 Ich gehe ins Kino.
4 Am Samstag spiele ich Basketball und Fußball.
5 Ich faulenze.
6 Ich spiele am Computer.
7 Am Freitag tanze ich.

a Ich bin sportlich.
b Ich finde das Buch interessant.
c Partys finde ich toll.
d Ich mache Videospiele.
e Ich bin sehr musikalisch.
f Sport finde ich anstrengend. Ich bin ziemlich faul.
g Ich mag Filme.

Was sagt Stefan?

Beispiel: Am Sonntag fahre ich Rad. Das finde ich gut.

So.	Mo.	Di.	Mi.	Do.	Fr.	Sa.
			X			
☺	☹	😐	☺	☹	☺	☺

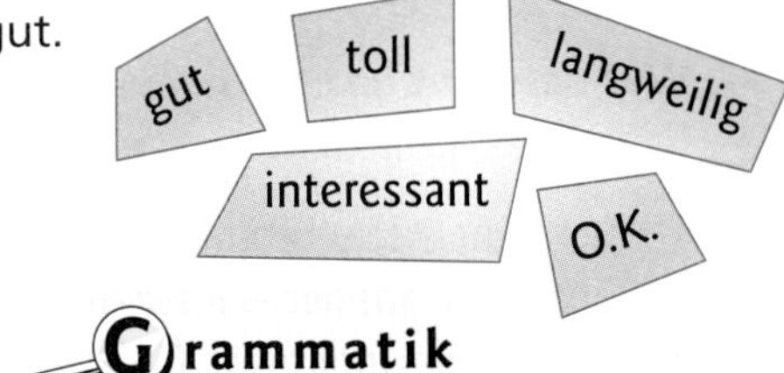

Word order: verb = number 2

1	2	3
Am Sonntag	**fahre**	ich Rad.
Das	**finde**	ich toll.

Lern weiter ▶ 4.2, Seite 120

Beschreib eine für dich typische Woche.
Describe your typical week.

Beispiel: Am Sonntag faulenze ich. Das finde ich super. Am Montag ...

3 Familienfreizeit

Asking what people like/dislike doing
Saying what people like/dislike doing

1a Lies den Brief und beantworte die Fragen.
Beispiel: 1 Annas Vater

1 Wer mag Fußball?
2 Wer geht gern ins Kino?
3 Wer hört gern Popmusik?
4 Wer spielt gern ein Instrument?
5 Wer ist nett?
6 Wer ist dreizehn Jahre alt?

Liebe Tante Gisela

Meine Familie ist langweilig!

Liebe Tante Gisela,

ich habe ein Problem. Ich bin 13 Jahre alt und ich finde meine Familie sehr langweilig. Meine Mutter ist Musiklehrerin und spielt jeden Tag Klavier. Ich höre gern Popmusik, aber meine Mutter mag nur Beethoven und Mozart.

Mein Vater ist ein großer Fußballfan und er sieht immer fern. Ich sehe auch gern fern, aber mein Vater mag nur Fußball. Ich finde Fußball stinklangweilig.

Meine Schwester ist 19 Jahre alt. Sie ist nett und sehr laut. Sie besucht oft Freunde oder geht ins Kino. Dann bin ich allein mit Beethoven und Klinsmann.

Was mache ich?

Anna

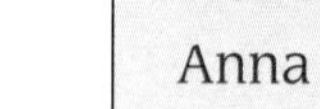

1b Was schreibt Tante Gisela? Welche Antwort findest du am besten für Anna?
What does Aunt Gisela write? Which do you think is the best answer for Anna?

1 Such eine neue Familie.
2 Such ein Haustier – Katzen sind gute Freunde.
3 Geh mit Freunden ins Café.

Such ...! *Look for ...!*

2a Hör zu. Was macht Pauls Familie gern? Schreib die Tabelle ab und füll sie aus.

Paul	Vater	Schwester	Bruder
ins Kino gehen			

Fußball spielen
fernsehen
Freunde besuchen
lesen
Musik hören
ins Kino gehen
Radfahren
tanzen

Ergänze Pauls Text.

Beispiel: Ich gehe gern ins Kino und ich fahre gern ...

Talking about what you like or don't like

Mag + ***noun***

Ich **mag** Fußball. *I like football.*
Ich **mag** Fußball nicht. *I don't like football.*

Verb **+ gern**

Ich spiele **gern** Tennis. *I like playing tennis.*
Ich spiele nicht **gern** Tennis. *I don't like playing tennis.*

Lern weiter ▶ 3.7, Seite 119, 3.5 Seite 118

Was machen Stefan und Jürgen gern?
Was machen sie nicht gern?

Beispiel: 1 Jürgen spielt gern am Computer.
Stefan macht das nicht gern.

	Jürgen	Stefan
1	✓	✗
2	✗	✓
3	✗	✓
4	✗	✓
5	✓	✗

The present tense

ich	**du**	**er/sie/es**
mach**e**	mach**st**	mach**t**
spiel**e**	spiel**st**	spiel**t**
hör**e**	hör**st**	hör**t**
besuch**e**	besuch**st**	besuch**t**
geh**e**	geh**st**	geh**t**

PASS AUF!

tanze	tanzt	tanzt
sehe	**s**ie**hst**	**s**ie**ht**
lese	**liest**	**liest**

Lern weiter ▶ 3, Seite 116

Partnerarbeit.

Beispiel:
▲ Was machst du gern?
● Ich (spiele gern Tennis).
▲ Und was machst du nicht gern?
● Ich (gehe nicht gern ins Kino).
▲ Was macht deine Familie gern?
● (Meine Mutter hört gern Musik, und mein Vater spielt gern Klavier).

Er/Sie	fährt	gern	Rad.
	spielt	nicht gern	Tennis/Klavier.
	geht		ins Kino.
	hört		Musik.

MINI-TEST

Check that you can:

- ask a friend which sports he/she likes and say which ones you like
- ask a friend about his/her hobbies and talk about your own
- ask and talk about what people like/dislike doing

4 Brieffreunde

Understanding short texts about others
Finding out information about others

Lies die Formulare.

Name: Monika
Alter: 13
Wohnort: Wien
Hobbys: Klavier, Popmusik
Haustiere: keine

Name: Klaus
Alter: 12
Wohnort: Hamburg
Hobbys: Fußball, fernsehen
Haustiere: Hund

Name: Lan
Alter: 13
Wohnort: Berlin
Hobbys: schwimmen, Filme, reiten
Haustiere: keine

Name: Jens
Alter: 13
Wohnort: Salzburg
Hobbys: Computer, lesen
Haustiere: 2 Katzen, 1 Hund

LESEN 1b **Lies die Texte. Wer ist das?**
Beispiel: 1 Lan

1 Sie ist ziemlich sportlich und geht gern ins Kino. Sie hat keine Haustiere, aber sie mag Pferde.

2 Er ist zwölf Jahre alt und sehr sportlich. Er hat einen Hund.

3 Sie wohnt in Österreich. Sie ist ziemlich musikalisch und hört gern Musik. Sie hat keine Haustiere.

4 Er ist dreizehn Jahre alt. Er ist intelligent und spielt gern am Computer. Er liest auch gern. Er hat zwei Katzen und einen Hund.

Partnerarbeit. Mach Interviews mit Klaus, Monika, Jens und Lan.

Beispiel:
▲ Wie heißt du?
● Ich heiße (Lan).
▲ Wie alt bist du?
● Ich bin (dreizehn) Jahre alt.
▲ Wo wohnst du?
● Ich wohne (in Berlin).
▲ Was machst du gern?
● Ich (gehe gern schwimmen und ich reite gern).
▲ Hast du Haustiere?
● (Nein, ich habe keine Haustiere).

Wer ist der beste Brieffreund / die beste Brieffreundin für dich? Warum?
Who is the best penfriend for you? Why?

Beispiel: Jens ist der beste Brieffreund für mich. Er liest gern – ich auch! Er spielt gern am Computer – das mag ich auch.

1e Schreib Texte für Monika, Jens und Lan (sieh dir Seite 60 an).

Beispiel: Ich heiße Klaus. Ich bin 12 Jahre alt. Ich wohne in Hamburg. Ich spiele gern Fußball und ich sehe gern fern. Ich habe auch einen Hund.

2a Hör zu und sing mit.

Wie ist dein Brieffreund? Was macht er gern?
Wohnt er in München oder wohnt er in Bern?

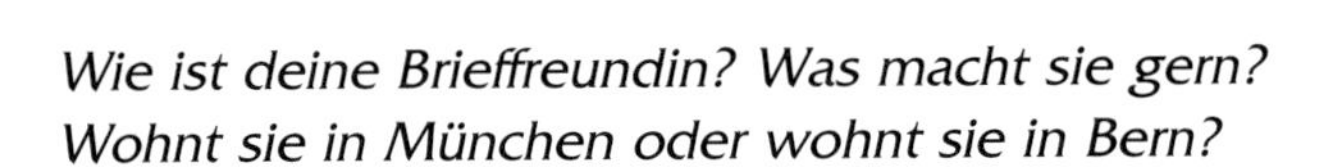

Mein Brieffreund Dino geht gern ins Kino
Und er sieht auch viel fern
Er liest immer Bücher und Comics
Aber das mache ich nicht gern.

Wie ist deine Brieffreundin? Was macht sie gern?
Wohnt sie in München oder wohnt sie in Bern?

Meine Brieffreundin Margit ist sportlich und fit
Und sie hat einen kleinen Pudel
Am Samstag geht sie immer schwimmen
Und dann isst sie Apfelstrudel.

Wie ist dein Brieffreund? ...

Mein Brieffreund Klaus ist wie eine Maus
Er ist schüchtern und sehr klein
Leichtathletik mag er nicht
Aber Angeln findet er fein.

Wie ist deine Brieffreundin? ...

Meine Brieffreundin Paula trinkt gern Cola
Und als Hobby spielt sie Klavier
Rollschuhlaufen mag sie sehr
Und sie hat ein Pferd als Haustier.

2b Beantworte die Fragen.

Beispiel: 1 Margit

1. Wer hat einen Hund?
2. Wer mag Filme?
3. Wer ist musikalisch?
4. Wer findet Angeln toll?
5. Wer mag Pferde?
6. Was isst Margit gern?
7. Was trinkt Paula gern?
8. Was macht Margit am Samstag?
9. Wer ist nicht groß?
10. Was liest Dino gern?

5 Treffpunkt

Arranging a date with a friend

1 Hör zu und lies.

Jürgen: Hallo Miriam! Möchtest du Tennis spielen?
Miriam: Nein, Tennis mag ich nicht.
Jürgen: Möchtest du ins Kino gehen?
Miriam: Ja! Wann treffen wir uns? ?
Jürgen: Am Samstag um sieben Uhr.
Miriam: O.K! Bis dann!

Laura: Hallo Jürgen. Hast du am Samstag Zeit? **Sa. ?**
Jürgen: Hm ...
Laura: Möchtest du schwimmen gehen?
Jürgen: Nein, danke. Das finde ich langweilig.
Laura: Ah, du bist ein Filmfan. Möchtest du ins Kino gehen?
Jürgen: O.K. Wann treffen wir uns? ?
Laura: Um sieben Uhr. Tschüs!

Jürgen: Hilfe! Ich habe ein Problem!

2 Schreib Anna, Markus und Karl E-Mails wie Sybille.
Ersetze die unterstrichenen Wörter.
Write e-mails to Anna, Markus and Karl like Sybille's.
Replace the underlined words.

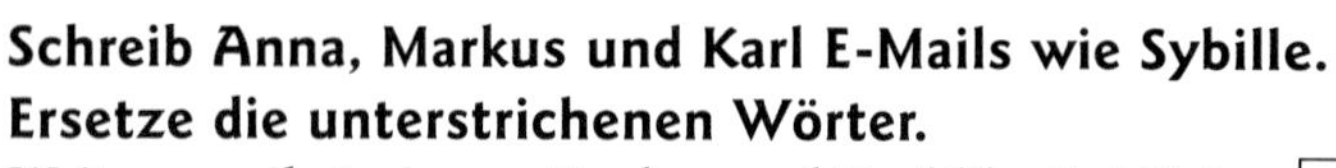

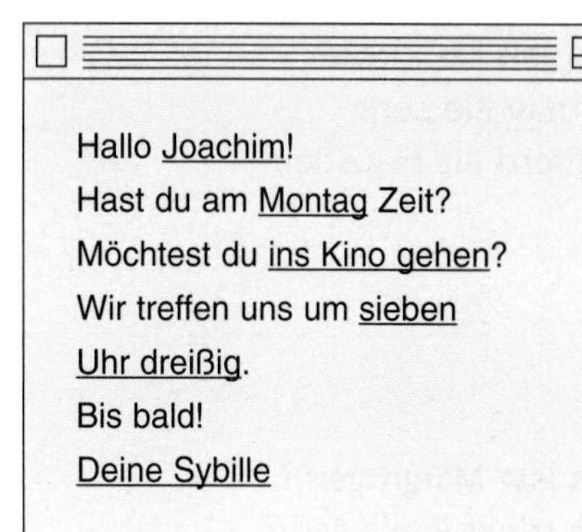

Hallo <u>Joachim</u>!
Hast du am <u>Montag</u> Zeit?
Möchtest du <u>ins Kino gehen</u>?
Wir treffen uns um <u>sieben Uhr dreißig</u>.
Bis bald!
<u>Deine Sybille</u>

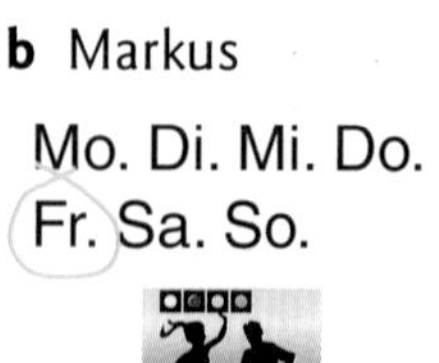

Dein
Deine

3 Hör zu. Was möchten sie machen? Wann treffen sie sich? (1–6)
Beispiel: 1 Fußball spielen, Montag, 4.30

Partnerarbeit. Bilde Dialoge.

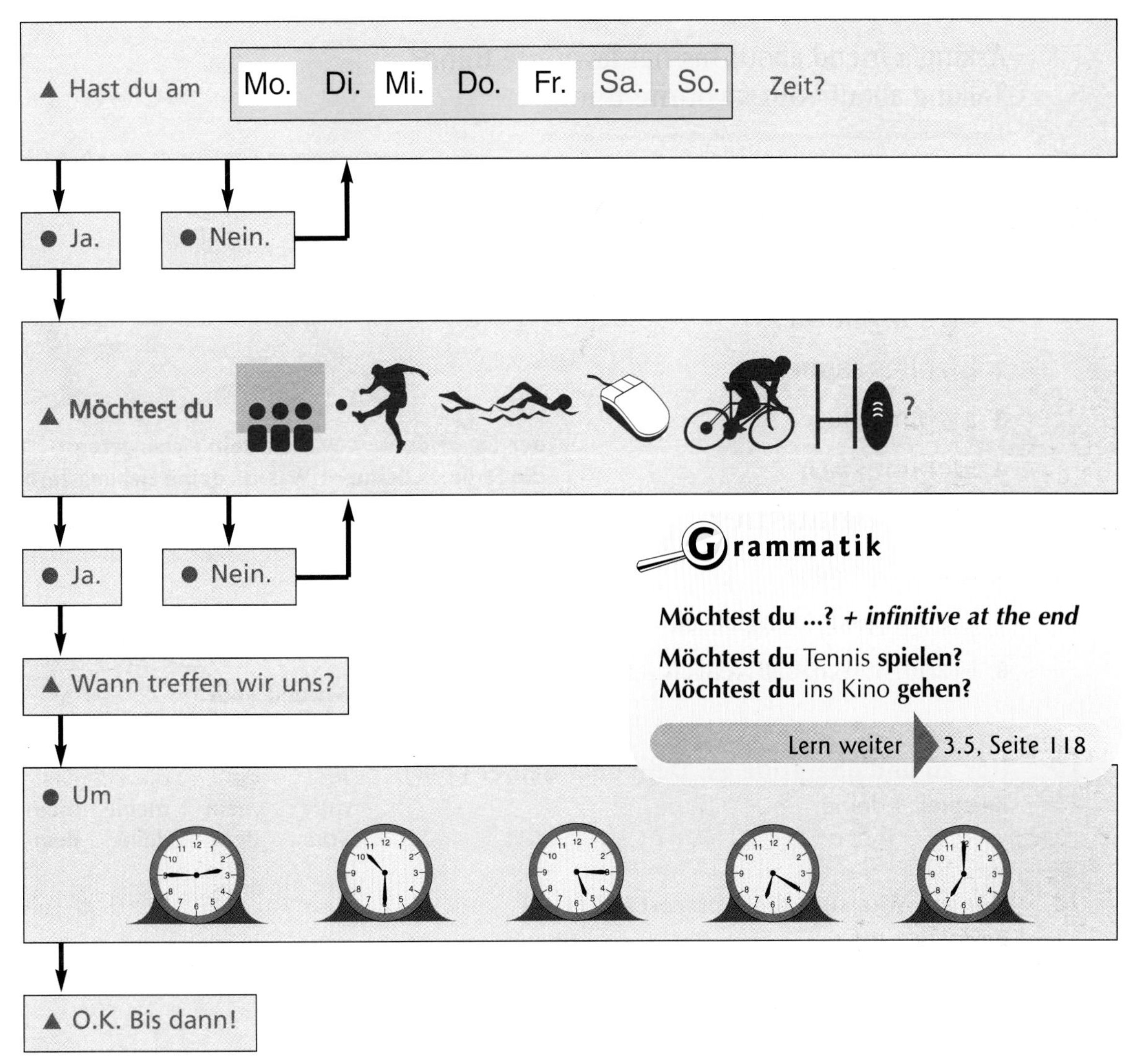

Grammatik

Möchtest du ...? + ***infinitive at the end***

Möchtest du Tennis **spielen?**
Möchtest du ins Kino **gehen?**

Lern weiter ▶ 3.5, Seite 118

Klassenarbeit. Mach Pläne mit Freunden. Schreib den Kalender ab und ergänze ihn.
Make plans with friends. Copy and fill in the diary.

Beispiel:
▲ Katie, hast du am (Samstag) Zeit?
● (Ja).
▲ Möchtest du (Basketball spielen)?
● Ja. Wann treffen wir uns?
▲ (Um drei Uhr).
● (Peter), hast du am (Samstag) Zeit?
▲ (Nein, aber hast du am Sonntag Zeit)?

SO.
MO.
DI.
MI.
DO.
FR.
SA. Basketball mit Katie, 3.00

Was für Pläne hast du? Wann und mit wem? Schreib Sätze.
What are your plans? When and with whom?
Beispiel: Am Samstag spiele ich Basketball mit Katie. Wir treffen uns um drei Uhr.

6 Meine Lieblingssachen

Asking a friend about his/her favourite things
Talking about your favourite things

1a Schreib acht Fragen.
Beispiel: 1 Was ist deine Lieblingsfarbe?
2 Was ist dein Lieblingssport?

1 Lieblingsfarbe
2 Lieblingssport
3 Lieblingstag
4 Lieblingsfach
5 Lieblingshaustier
6 Lieblingsmonat
7 Lieblingskleidungsstück
8 Lieblingsfußballmannschaft

der Tag → **dein** → Was ist **dein** Lieblings**tag**?
die Farbe → **deine** → Was ist **deine** Lieblings**farbe**?
das Haustier → **dein** → Was ist **dein** Lieblings**haustier**?

1b Hör zu und überprüfe es. Dein oder deine? (1–8)
Beispiel: 1 deine

1c Hör zu. Was sind die Antworten? (1–8)
Beispiel: 1 rot

Grammatik

My* and *your

	m	*f*	*n*	*plural*
the	der	die	das	die
my	**mein**	**meine**	**mein**	**meine**
your	**dein**	**deine**	**dein**	**deine**

Lern weiter 1.5, Seite 114

2 Sieh dir das Bild an. Was sagst du?
Beispiel: Meine Lieblingsfarbe ist blau. Mein Lieblingssport ist Rollschuhlaufen ...

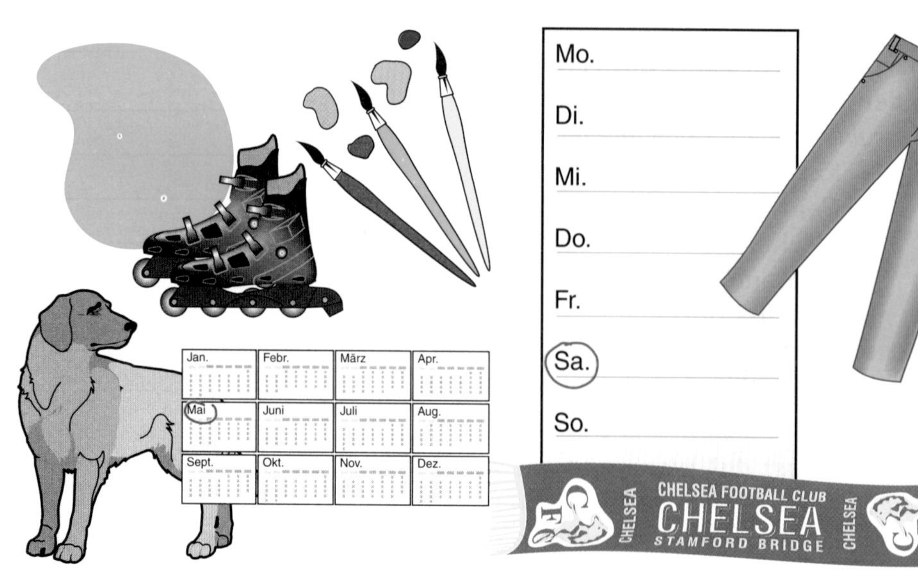

3 Und du? Was sind deine Lieblingssachen? Schreib Sätze.

4a Lies die Texte. Schreib die Lieblingssachen auf.

Beispiel: Miriam: Lieblingsfarbe – blau, Lieblingssport – ...
Jürgen: Lieblingsmonat – Oktober, ...

Miriam hat viele Lieblingssachen! Ihre Lieblingsfarbe ist blau und ihr Lieblingssport ist Basketball. Ihr Lieblingsfach ist Englisch. Am Mittwoch hat sie dreimal Englisch, also ist Mittwoch ihr Lieblingstag.

Jürgen hat keinen Lieblingstag, aber sein Lieblingsmonat ist Oktober – dann hat er Geburtstag! Sein Lieblingsfach ist Informatik, und seine Lieblingsfußballmannschaft ist Borussia Dortmund. Sein Lieblingskleidungsstück ist eine Jeans und sein Lieblingshaustier ist seine Katze.

His* and *her

	m	*f*	*n*	*pl*
the	der	die	das	die
his	**sein**	**seine**	**sein**	**seine**
her	**ihr**	**ihre**	**ihr**	**ihre**

Lern weiter ▶ 1.5, Seite 114

4b Partnerarbeit.

Beispiel:
▲ Was ist (Miriams Lieblingsfarbe)?
● (Ihre Lieblingsfarbe) ist (blau). Was ist (Jürgens Lieblingsfach)?
▲ (Sein Lieblingsfach) ist (Informatik).

Was ist Jürgens/Miriams Lieblings...?		
Sein Ihr	Lieblingssport/Lieblingsfach/...	ist ...
Seine Ihre	Lieblingsfarbe/Lieblingsmannschaft/...	

5a Hör zu. Interview mit Stefan. Was sind seine Lieblingssachen?

Beispiel: Lieblingstag – Sonntag, ...

5b Hör nochmal zu. Füll die Lücken aus.

Beispiel: Sonntag ist Stefans Lieblingstag. Seine ...

Sonntag ist Stefans ... . Seine Lieblingshose ist ... . Er findet Deutsch ..., aber sein Lieblingsfach ist ... . Er findet Fußball ... und ... . Stefan mag Haustiere. Vögel und Hunde sind ... Lieblingshaustiere.

7 Club elf bis sechzehn

CLUB ELF BIS SECHZEHN

Wochen-Programm
vom 8. bis 12. August
Für Jugendliche von 11 bis 16 Jahren
Montag bis Freitag von 10.00 Uhr bis 16.00 Uhr
Mittwochs bis 22.00 Uhr

	10.00–12.30	13.30–16.00
Montag	Basketball/Theater	Tanzen/Kunst
Dienstag	Radfahren/Fußball	Kunst/Rugby
Mittwoch*	Theater/Tennis	Angeln/Computerspiele
Donnerstag	Kunst/Schwimmen	Leichtathletik/Fernsehen
Freitag	Rollschuhlaufen/ Computerspiele	Radfahren/Musik

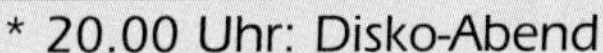

* 20.00 Uhr: Disko-Abend

Sieh dir das Wochen-Programm an. Schreib die Fragen ab und ergänze sie.
Beispiel: 1 Möchtest du am Montag um zehn Uhr Theater spielen?

1 Möchtest du am Montag um ... ?

2 Möchtest du am ... um dreizehn Uhr dreißig  ?

3 Möchtest du am ... um dreizehn Uhr dreißig  ?

4 Möchtest du am Donnerstag um ...  ?

5 Möchtest du am Mittwoch um ...  ?

ins Kino gehen
Fußball spielen
Theater spielen
Basketball spielen
schwimmen gehen
Kunst machen
tanzen
Radfahren gehen
Rollschuhlaufen gehen
Computerspiele machen
Leichtathletik machen
angeln gehen

Hör zu und sieh dir das Wochen-Programm an. Ergänze die Sätze. Du willst immer das Gegenteil machen! (1–7) *Complete the sentences. You always want to do the opposite!*
Beispiel: 1 „... Basketball spielen".

Plan deine Woche. *Plan your week.*
Beispiel: Am Montag um 10.00 Uhr spiele ich Theater. Um 13.30 Uhr tanze ich.

Partnerarbeit. Was plant dein Partner / deine Partnerin?
Beispiel:
▲ Was machst du am (Montag) um (zehn Uhr)?
● Ich (spiele Theater). Und du?
▲ Ich (auch! Ich spiele Theater).
● Und was machst du am (Montag) um (ein Uhr dreißig)?
▲ Ich (tanze). Und du?

Lies die Postkarten. An welchem Tag schreiben sie?
Beispiel: Wolfgang – Mittwoch

Liebe Mutti,

Club elf bis sechzehn ist super! Heute spiele ich Tennis und gehe angeln. Am Abend gehe ich in die Disko mit meiner neuen Freundin. Sie heißt Fiona und sie wohnt in England. Sie mag Rollschuhlaufen aber ihr Lieblingssport ist Rugby – das finde ich lustig!

Dein Wolfgang

Lieber Onkel Joachim,

vielen Dank für deinen Brief – ich bin jetzt beim Club elf bis sechzehn im Schwarzwald. Heute mache ich eine Radtour mit Picknick. Um ein Uhr dreißig mache ich Kunst – das mag ich. Der Club ist toll! Bis bald!

Deine Yasmin

Liebe Connie, lieber Klaus,

Grüße aus dem Schwarzwald! Heute ist mein Lieblingstag – um zehn Uhr spiele ich am Computer und um ein Uhr dreißig mache ich Musik. Ich spiele Trompete in einer Rockgruppe.

Tschüs!

Manfred

Wer macht das? Wolfgang, Yasmin oder Manfred?
Beispiel: a Yasmin

a 
b 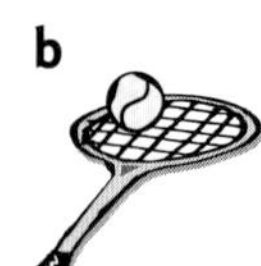
c 
d 
e 
f 
g 

Richtig, falsch oder nicht im Text?
Beispiel: 1 Richtig

1 Club elf bis sechzehn ist im Schwarzwald.
2 Wolfgangs englische Freundin heißt Steffi.
3 Fiona mag Rugby.
4 Manfred ist dreizehn Jahre alt.
5 Manfred spielt gern am Computer.
6 Fiona hat blonde Haare.
7 Musik beginnt um zehn Uhr.

Du bist beim Club elf bis sechzehn. Schreib eine Postkarte.

Mittwoch, den 10. August

Lieber 🯅, / Liebe 🯅,

heute ... ich ... . Um 13.30 Uhr ... ich ... . Das finde ich ... .

Tschüs!

Dein 🯅 / Deine 🯅

Lernzieltest Check that you can:

1	●	ask a friend which sports he/she likes and say which ones you like	*Magst du Leichtathletik? Nein, das mag ich nicht.*
2	●	ask a friend about his/her hobbies and talk about your own	*Was machst du in deiner Freizeit? Ich spiele am Computer.*
3	●	ask and talk about what people like/dislike doing	*Was macht deine Familie gern? Meine Mutter spielt nicht gern Tennis.*
4	●	understand short texts about others	
	●	find out information about others	*Wie heißt du? Wie alt bist du?*
5	●	arrange a date with a friend	*Möchtest du schwimmen gehen? Wann treffen wir uns? Um zehn Uhr.*
6	●	ask a friend about his/her favourite things and talk about yours	*Was ist dein Lieblingsfach? Mein Lieblingsfach ist Kunst.*

Wiederholung

HÖREN

1 Hör zu. Was machen sie gern? (1–8)
Beispiel: 1 d

2 Hör zu. Schreib die Tabelle ab und füll sie aus. (1–5)

	Tag	Tätigkeit	Zeit
1	Mo.	Schwimmen	11.30
2			
3			
4			
5			

3 Partnerarbeit. Bist du Lars, Emine, Torben, Christina, Dominique oder Andreas?

Beispiel: ▲ Was machst du gern?
● Ich (spiele gern am Computer).
▲ Du bist (Lars).
● Richtig! Was machst du gern?

Lars **Emine** **Torben** **Christina** **Dominique** **Andreas**

4 Was sind deine Lieblingssachen? Sprich 30 Sekunden lang!
What are your favourite things? Speak for 30 seconds.
Beispiel: Mein Lieblingsfach ist Deutsch. Mein Lieblingstag ist Sonntag. Meine Lieblingsfußballmannschaft ist Birmingham City ...

5 Ordne die Bilder von Montag bis Sonntag.
Beispiel: Mo. d

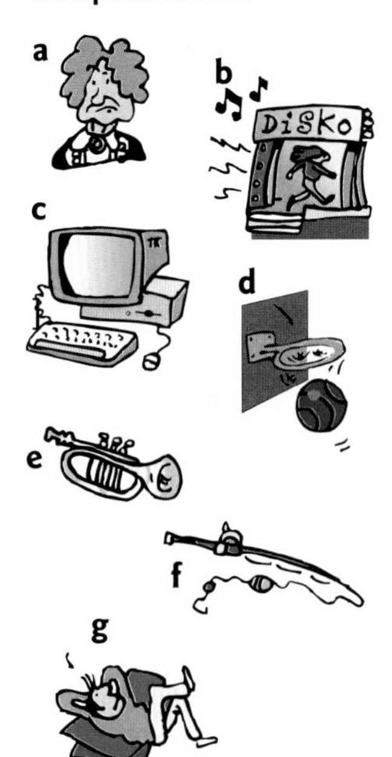

Stuttgart, den 13. März

Lieber Peter,

vielen Dank für deine Postkarte. Frankreich ist auch mein Lieblingsland! Ich finde Paris sehr interessant.

Diese Woche ist sehr hektisch! Am Montag spiele ich Basketball – das ist mein Lieblingssport. Am Dienstag mache ich meine Hausaufgaben am Computer. Am Mittwoch gehe ich in die Disko. Am Donnerstag besuche ich meine Großmutter. Das ist immer lustig. Meine Großmutter habe ich sehr gern. Am Freitag spiele ich Trompete. Am Samstag gehe ich angeln und am Sonntag faulenze ich – hurra!

Und du? Hast du eine hektische Woche?

Deine Michaela

6 Was machst du in deiner Freizeit?
Beispiel: Ich spiele Klavier.

ichspieleklavierichlesecomicsichfaulenzeichbesuchefreundeundichfahrerad

7 Beschreib eine hektische Woche für Paul.
Beispiel: Am Montag fährt Paul Rad. Am Dienstag spielt er ...

5 Zu Hause

1 Hier wohne ich

Asking a friend where he/she lives and saying where you live
Swapping addresses and phone numbers

Thomas – Plön
Ulrike – Lübeck
Markus – Hamburg
Annaliese – Lauenburg
Jürgen – Köln
Patrick – Wiehl

HÖREN **1a Hör zu. Wo wohnen sie? (1–6)**
Beispiel: **1** Plön

SPRECHEN **1b Partnerarbeit.**
Beispiel: ▲ Wo wohnst du?
● Ich wohne (in Hamburg).
▲ Du bist (Markus).
Wo wohnst du?

HÖREN **2 Hör zu. Wo wohnen sie? (1–6)**
Beispiel: **1** d

a

b

c

Ich wohne	auf	dem	Land.
	in	einer	Stadt/Wohnung.
		einem	Dorf/Haus.
		Hamburg/Köln.	
	an	der	Küste.

d

3 Partnerarbeit. Und du? Wo wohnst du?
Beispiel: ▲ Wo wohnst du?
● Ich wohne (in einem Haus, in Leicester). Wo wohnst du?
▲ Ich wohne ...

4a Lies die Texte. Wer sagt das?

Beispiel: 1 Stefan

Stefan

Jürgen

Miriam

1 Ich wohne in einer großen Stadt, in Köln. Sie ist in Westdeutschland. Ich wohne in einer Wohnung, sie ist sehr modern.

2 Ich wohne in einer Wohnung in Köln. Ich finde die Wohnung sehr langweilig und altmodisch, aber die Stadt ist toll.

3 Ich wohne in einem großen Haus in Köln. Das Haus ist toll und ich wohne sehr gern hier.

4b Und du? Wo wohnst du?

Beispiel: Ich wohne in einer Wohnung in einer Stadt. Die Stadt heißt Leicester.

5a Hör zu. Wer ist das? (1–6)

Beispiel: 1 Laura

Handballmannschaft
Laura Daschwitz, Gartenstraße 14, ☎ 0265 44 87 21
Stefan Hoffmann, Beckstraße 11, ☎ 0236 73 18 90
Nicky Kurzbach, Kleistweg 13, ☎ 0222 48 51 28
Torben Lenz, Gartenstraße 47, ☎ 0255 73 49 82
Tanja Lindenhof, Kleistweg 43, ☎ 0217 32 93 20
Martin Reisener, Biegenstraße 3, ☎ 0287 50 43 12
Frank Pasch, Am Mühlhof 4, ☎ 0257 43 29 01
Claudia Stenzel, Beckstraße 87, ☎ 0298 23 54 08

5b Partnerarbeit. Wer bist du?

Beispiel:
- ▲ Wie ist deine Adresse?
- ● Meine Adresse ist (Beckstraße 11).
- ▲ Und wie ist deine Telefonnummer?
- ● Meine Telefonnummer ist (0236 73 18 90).
- ▲ Du bist (Stefan).
- ● Ja, richtig! Wie ist …?

Wie ist	deine	Adresse?	Meine	Adresse	ist …
		Telefonnummer?		Telefonnummer	

2 Mein Haus

Asking and saying where things are in the house
Saying what you do in your house

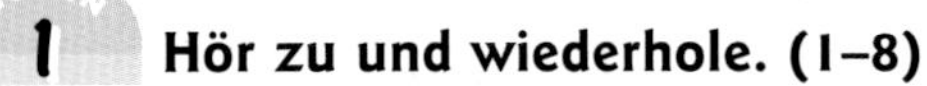

1 Hör zu und wiederhole. (1–8)

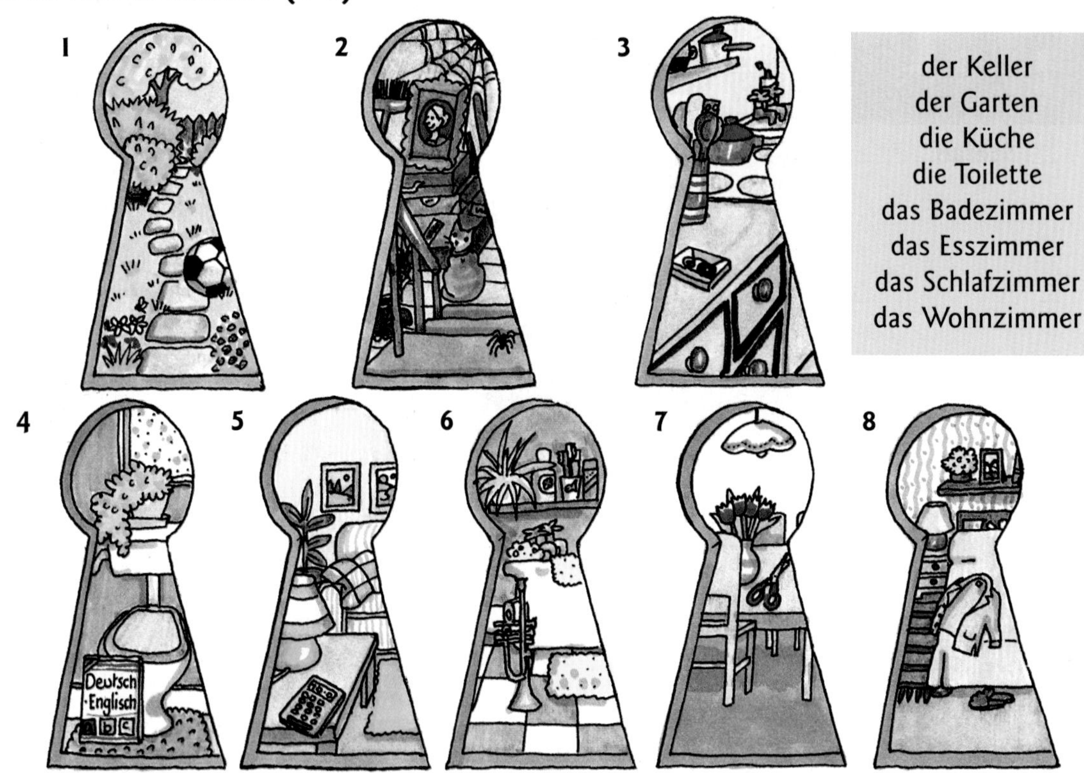

der Keller
der Garten
die Küche
die Toilette
das Badezimmer
das Esszimmer
das Schlafzimmer
das Wohnzimmer

2 Wo ist das?

Beispiel: a Die Kassette ist in der Küche. Die Küche ist Bild 3.

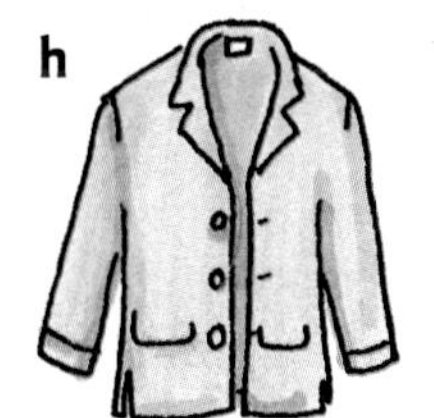

Grammatik

Das ist in + *dative*

	m	*f*	*n*
	der Keller	die Küche	das Schlafzimmer
Das ist in	**dem** Keller	**der** Küche	**dem** Schlafzimmer

in dem = **im** Das ist **im** Keller.

Lern weiter ▶ 1.4c, Seite 114

3a Wo macht man das? Rate mal!

Beispiel: **1** Im Wohnzimmer sehe ich fern.

3b Hör zu und überprüfe es. Korrigiere deine Sätze aus Übung 3a. (1–10)

Beispiel: **1** Im Esszimmer sehe ich fern.

Hier sehe ich fern. Wo bin ich?
Bist du im Esszimmer?
Ja, richtig.
Hier schlafe ich. Wo bin ich?
Bist du im Schlafzimmer?
Ja, natürlich!

4a Und du? Was machst du zu Hause? Und wo? Schreib Sätze.

Beispiel: Im Wohnzimmer sehe ich fern.

4b Partnerarbeit. Benutze deine Sätze aus Übung 4a.

Beispiel:
- ▲ Hier (sehe ich fern). Wo bin ich?
- ● Bist du (in der Küche)?
- ▲ Nein.
- ● Bist du (im Wohnzimmer)?
- ▲ Ja.

5 So spricht man „ch" aus! Hör zu und wiederhole.

Am Mittwo**ch** lese i**ch** mein Ko**ch**bu**ch** in der Kü**ch**e und i**ch** ko**ch**e.

3 So helfe ich

Saying how you help around the house
Asking a friend how he/she helps around the house

1a HÖREN **Hör zu und lies.**

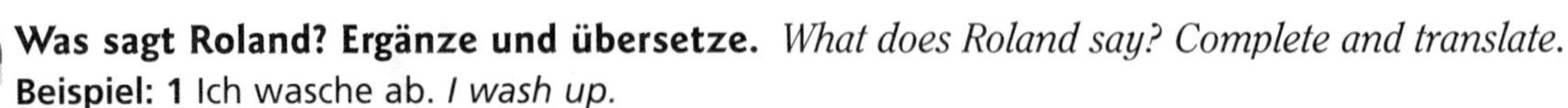

1b SCHREIBEN **Was sagt Roland? Ergänze und übersetze.** *What does Roland say? Complete and translate.*

Beispiel: 1 Ich wasche ab. *I wash up.*

1 Ich wasche ...
2 Ich mache ...
3 Ich gehe ...
4 Ich räume ...
5 Ich trockne ...
6 Ich koche ...
7 Ich wasche ...

das Auto	ab
einkaufen	auf
das Bett	ab
in der Küche	

Grammatik

Separable verbs

abwaschen → Ich wasche **ab**.
aufräumen → Ich räume mein Zimmer **auf**.

Lern weiter 3.4, Seite 117

Lies den Dialog und beantworte die Fragen.
Beispiel: 1 Sabine

Wer ...

1 macht oft das Bett?
2 hat 10 Euro für Sabine?
3 wäscht nie das Auto?
4 räumt selten das Zimmer auf?
5 kocht oft?
6 geht oft einkaufen?

Sabine: Mutti, hast du mal 10 Euro für mich? Heute Abend gehe ich mit Stefan ins Kino ...
Mutti: Und dein Taschengeld?
Sabine: Aber, Mutti, ich habe nur 5 Euro Taschengeld. Das ist nicht viel.
Mutti: Tja, mehr Taschengeld, das heißt mehr zu Hause helfen.
Sabine: Aber, Mutti, ich mache oft das Bett und manchmal arbeite ich auch im Garten.
Mutti: Ja, und ich gehe oft einkaufen, jeden Tag koche ich und manchmal wasche ich das Auto. Das machst du nie.
Sabine: O.K., aber ich räume mein Zimmer auf.
Mutti: Aber das machst du nur selten.

Sabine: Hallo, Vati, hast du 10 Euro?
Vati: Ja, sicher, Sabine. Hier sind 10 Euro für dich.
Sabine: Danke, Vati, toll!
Mutti: Wa-a-a-s?!

Was machst du zu Hause? Mach vier Listen.

oft	manchmal	selten	nie
Ich mache das Bett.			Ich koche.

Partnerarbeit. Vergleich deine Listen mit einem Partner / einer Partnerin.
Compare your lists with a partner.

Beispiel: ▲ (Machst du das Bett)?
● (Nein, das mache ich nie). Und du?
▲ (Ja, das mache ich oft).

Machst du das Bett?
Wäscht du ab / das Auto?
Trocknest du ab?
Gehst du einkaufen?
Arbeitest du im Garten?
Kochst du?
Räumst du dein Zimmer auf?
Das mache ich oft/manchmal/selten/nie.

MINI-TEST

Check that you can:

- ask a friend where he/she lives and say where you live
- swap addresses and phone numbers
- ask and say where things are in the house
- say what you do in your house
- say how you help around the house and ask a friend how he/she helps around the house

4 Mein Zimmer

Saying what you've got in your room
Asking a friend what he/she has got in his/her room

der Tisch
der Stuhl
der Schrank
der Fernseher
der Computer
die Kommode
die Stereoanlage
das Bett
das Bücherregal

HÖREN **1a** **Hör zu. Was ist das? (1–8)**
Beispiel: 1 b

Was siehst du noch auf dem Bild? Mach vier Listen.

ein/der (m)	eine/die (f)	ein/das (n)	–/die (pl)
Computer	Jacke	Etui	Sportschuhe

Partnerarbeit.

Beispiel: ▲ *Point to jacket!*
Was (ist) das?
● Das (ist) (eine Jacke).
Point to trainers!
Was (sind) das?
▲ Das (sind)
(Sportschuhe). ...

Grammatik

This is **and** ***these are***

Was **ist** das? Das **ist** ein Sportschuh.
eine Jacke.

Was **sind** das? Das **sind** Sportschuhe.
Jacken.

Lern weiter ▶ 3.3, Seite 117

2a Lies die Texte. Welcher Text ist für das Bild auf Seite 76?

In meinem Zimmer habe ich einen Tisch. Dort stehen mein Computer und meine Videospiele. Im Zimmer habe ich auch zwei Kommoden, aber ich habe keinen Schrank. Mein Fußballhemd ist auf dem Bett. Es ist rot und blau – wie meine Lieblingsfußballmannschaft!
Katja

Hier ist mein Zimmer. Es ist ziemlich groß. Ich habe ein altes Bücherregal und viele, viele Bücher – Lesen ist mein Lieblingshobby! Ich habe keine Haustiere, aber im Zimmer habe ich einen netten Löwen! Ich bin oft in meinem Zimmer und dort esse ich ziemlich viel – also, ich habe immer Kekse und Chips dort!
Monika

Ich habe ein modernes Zimmer. In der Mitte habe ich ein sehr großes Bett, einen Stuhl und drei Tische! Ein Tisch ist für meine Stereoanlage, der zweite ist für meinen Computer und der dritte ist für meine Schulbücher – leider habe ich keinen Fernseher im Zimmer.
Eric

2b Lies die Texte nochmal und beantworte die Fragen.

Beispiel: 1 Monikas Bücherregal

1. Was ist alt?
2. Was ist sehr groß?
3. Was ist nett?
4. Was ist rot und blau?
5. Was ist ziemlich groß?
6. Was ist modern?
7. Wer hat ein Tier im Zimmer?
8. Wie viele Tische hat Katja?
9. Was isst Monika in ihrem Zimmer?
10. Wer liest gern?

3 Partnerarbeit.

Beispiel:
▲ Hast du (ein Bett) in deinem Zimmer?
● (Ja), ich habe (ein Bett). Hast du (einen Computer) in deinem Zimmer?
▲ (Nein), ich habe (keinen Computer). Hast du ...?

Kein, keine ***not any, no***

m	Ich habe	einen/**keinen**	Computer/Tisch.
f		eine/**keine**	Jacke/Kommode.
n		ein/**kein**	Hemd/Bett.
pl		–/**keine**	Bücher/Kekse.

Lern weiter ▶ 1.6, Seite 115

4 Was hast du in deinem Zimmer? Was machst du in deinem Zimmer?

Beispiel: In meinem Zimmer habe ich ein Bett, einen Schrank, ... Ich habe keinen Computer. In meinem Zimmer mache ich ...

5 Meine Arbeitsecke

Describing where things are
Asking where things are

Olivers Arbeitsecke. Richtig oder falsch?
Beispiel: **1** Richtig

1 Das Buch ist auf dem Tisch.
2 Der Computer ist auf dem Bett.
3 Die Sportschuhe sind unter dem Stuhl.
4 Das Etui ist zwischen dem Buch und der Kassette.
5 Die Kassetten sind neben dem Apfel.
6 Der Taschenrechner ist in der Tasche.

Hör zu. Richtig oder falsch? (1–6)
Beispiel: **1** Falsch

Dein Partner / Deine Partnerin stellt Fragen. Du machst das Buch zu.
Beispiel:
▲ Wo ist (der Computer)?
● (Unter dem Tisch).
▲ (Falsch)! (Der Computer) ist (auf dem Tisch).

Der Computer/Apfel/Hund/Taschenrechner	ist	auf in	dem	Tisch/Stuhl/Computer.
Das Buch/Lineal/Etui/Geschenk		neben unter	der	Kommode/Tasche.
Die Disketten/Sportschuhe/Kassetten	sind	zwischen	dem	Bett und ... .

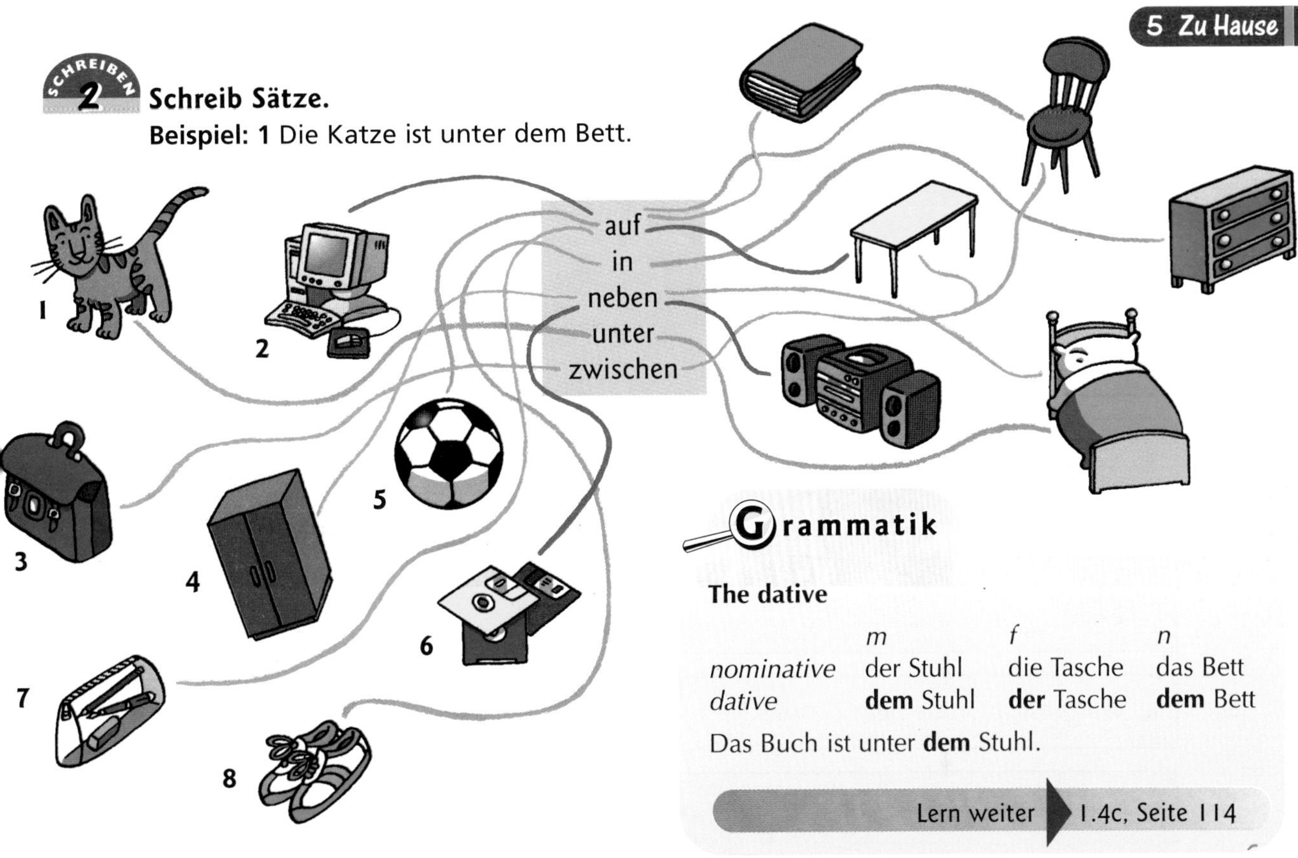

2 Schreib Sätze.

Beispiel: 1 Die Katze ist unter dem Bett.

Grammatik

The dative

	m	*f*	*n*
nominative	der Stuhl	die Tasche	das Bett
dative	**dem** Stuhl	**der** Tasche	**dem** Bett

Das Buch ist unter **dem** Stuhl.

Lern weiter ▶ 1.4c, Seite 114

3a Lies den Text. Finde:

1 drei Farben
2 zwei Kleidungsstücke
3 etwas zu essen
4 vier Präpositionen
5 etwas zu trinken

Hier ist meine Arbeitsecke. Sie ist ziemlich klein, aber sehr praktisch. Hier habe ich einen Tisch. Und auf dem Tisch steht ein Computer. Der Computer ist ziemlich groß. Neben dem Computer liegt ein Wörterbuch – das ist gut für die Hausaufgaben. Zwischen dem Wörterbuch und dem Computer sind drei Disketten. Sie sind blau, rot und gelb – sehr bunt, nicht wahr? Auf dem Computer ist eine Cola. In der Arbeitsecke habe ich auch einen Stuhl, und auf dem Stuhl sind zwei T-Shirts und eine grüne Hose. Meine Katze schläft unter dem Stuhl! Und meine Kekse sind ... ach, wo sind meine Kekse? Ich weiß es! Die Katze mag Kekse, also sind die Kekse wahrscheinlich in der Katze!

3b Zeichne Miriams Arbeitsecke.

4 Oliver beschreibt seine Arbeitsecke (Seite 78). Was sagt er? Schreib zehn Sätze.

Beispiel: Hier ist meine Arbeitsecke. Ich habe einen Tisch, einen Stuhl und einen Computer. Der Computer ist auf dem Tisch.

6 Besser schreiben

Giving a longer description of your home and what you do there

Hör dem Dialog zu. *Follow the dialogue.*

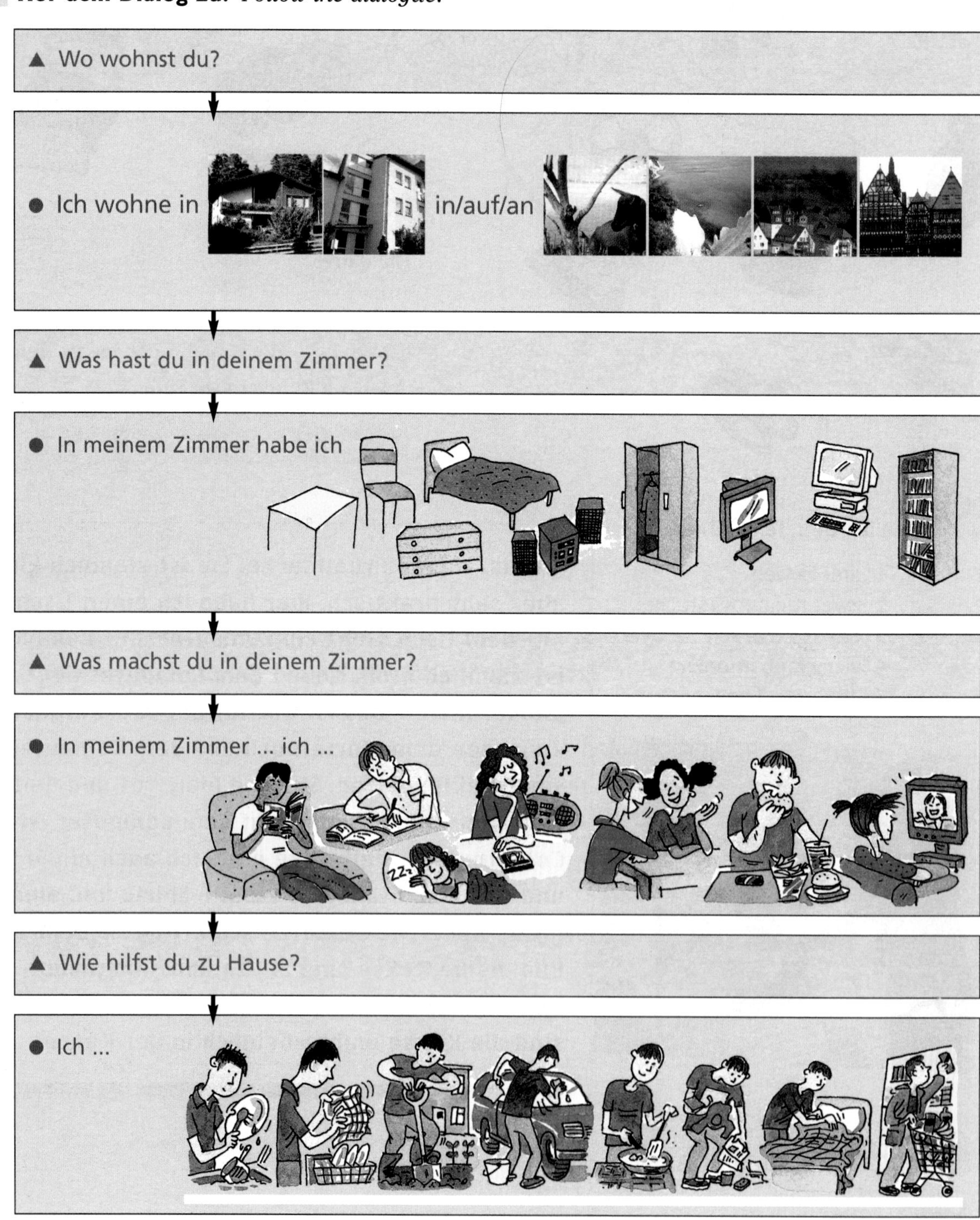

Partnerarbeit. Bilde Dialoge.

1 Ich heiße Stefan. Ich bin zwölf Jahre alt. Ich wohne in Köln. Das ist eine Stadt in Deutschland. Ich wohne in einer Wohnung. Die Wohnung finde ich ziemlich gut.

2 Mein Zimmer ist toll. In meinem Zimmer habe ich ein Bett (natürlich!), einen Tisch, einen Stuhl und einen Schrank. Auf dem Tisch habe ich einen Computer – ich mache meine Hausaufgaben am Computer. Ich habe auch ein großes Bücherregal – ich lese sehr gern! Leider habe ich keinen Fernseher – ich sehe im Wohnzimmer fern.

3 In meinem Zimmer mache ich vieles – ich schlafe (natürlich!), ich mache meine Hausaufgaben und ich spiele Saxophon. Das finde ich toll.

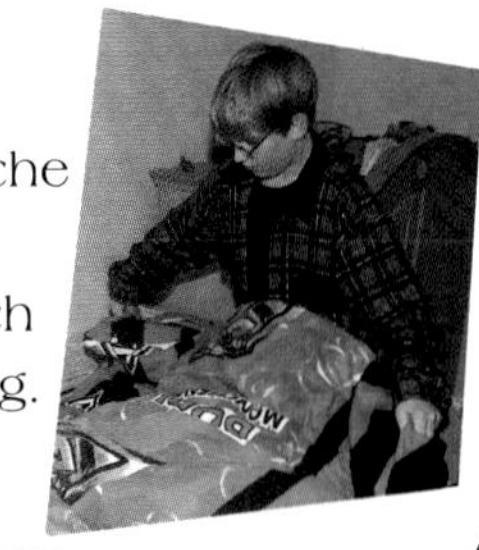

4 Zu Hause helfe ich oft! Ich mache mein Bett und ich räume mein Zimmer auf. Am Sonntag arbeite ich im Garten – das finde ich langweilig. Ich wasche ab – das mache ich sehr oft!

Lies Text 1.
Beantworte die Frage:
Wo wohnst du? Ludwigs Beispiel hilft dir.

Und ich? Ich heiße <u>Ludwig</u>. Ich bin <u>15</u> Jahre alt. Ich wohne in <u>Hamburg</u>. Das ist <u>eine Stadt</u> in <u>Deutschland</u>. Ich wohne in <u>einer Wohnung</u>. <u>Die Wohnung</u> finde ich langweilig.

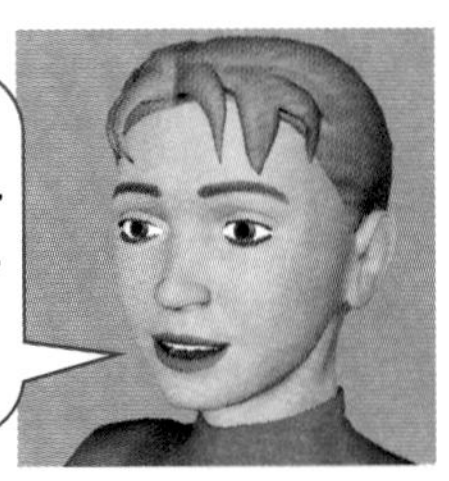

Lies Text 2. Beantworte die Frage: Was hast du in deinem Zimmer?
Beispiel: Mein Zimmer ist groß/modern/langweilig/toll/klein/super/interessant ...
In meinem Zimmer habe ich einen/eine/ein ... (*siehe Seite 77!*)
Leider habe ich keinen/keine/kein ...

Lies Text 3. Beantworte die Frage:
Was machst du in deinem Zimmer?
Beispiel: In meinem Zimmer mache ich vieles – ich ... (*siehe Seite 73!*)
Das finde ich toll/anstrengend/lustig/interessant/O.K. ...

Lies Text 4.
Beantworte die Frage:
Wie hilfst du zu Hause?
Beispiel: Zu Hause helfe ich oft/manchmal/selten.
Ich ... (*siehe Seite 74!*)
Am Sonntag wasche ich ab – das finde ich ...

7 Monikas Zimmer

1a Hör zu und lies.

Kurzgeschichte

Heute ist Samstag und ich bin in meinem Zimmer. Ich faulenze – das mache ich oft! Mein Vater ist in der Küche. Er wäscht ab. Mein Bruder spielt an meinem Computer. Er ist acht Jahre alt und heißt Harald. Harald ist ein Problem. Ich finde Harald sehr anstrengend.
„Monika, es ist elf Uhr. Was machst du in deinem Zimmer?", fragt mein Vater aus der Küche.
Ich lese ein Buch.
„Ach, ich mache das Bett, Vati", sage ich.
Ich lese weiter.

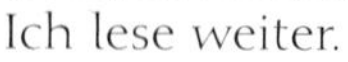

„Monika, es ist elf Uhr zwanzig. Was machst du in deinem Zimmer?", fragt mein Vater.
Ich höre Musik.
„Ach, ich mache meine Hausaufgaben, Vati", sage ich.
Ich höre Musik weiter.

„Monika, es ist zwölf Uhr. Räumst du bitte dein Zimmer auf", sagt mein Vater.
Ich sehe fern.
„Ja, ja. Das mache ich. Mein Zimmer sieht sehr ordentlich aus", sage ich.
Ich sehe weiter fern.

„Gut. In fünf Minuten hast du deine Inspektion", sagt mein Vater.
Was? In fünf Minuten? Hilfe! „Harald, hilfst du mir bitte?", frage ich.
„Ja, klar. Für fünf Euro räume ich dein Zimmer auf", sagt Harald.
„O.K." Dann klingelt das Telefon.
„Hallo, Bernd ... Ja ... Gute Idee ... Wann? ... O.K. ... Wie bitte? ... Nein! .... Toll! ..."

Fünf Minuten später.
„Tschüs, Bernd. Bis später!" ... „Harald, wo bist du?"

Es klopft. Mein Vater ist da. Aber wie sieht mein Zimmer aus??!! Der Stuhl ist auf dem Bett. Meine Bücher sind im Schrank. Meine Disketten sind unter dem Tisch. Meine Schuhe sind auf dem Bücherregal. Meine neue Jacke ist unter der Kommode. Meine Schultasche ist auf dem Computer ... Und wo ist Harald?
„Monika, dein Zimmer ist chaotisch", sagt mein Vater. „Heute Abend gehst du nicht aus. Du räumst dein Zimmer auf."
„Aber, Vati. Heute Abend gehe ich mit Bernd ins Kino."
„Nein, Monika. Heute Abend geht Bernd allein ins Kino."

klingen	*to ring*	ordentlich	*in order*
klopfen	*to knock*	weiter	*further*

Was passt zusammen?

Beispiel: 1 f

1 Monikas Bruder
2 Um elf Uhr
3 Um zwölf Uhr
4 Monikas Vater
5 Am Abend
6 Bernd

a sieht Monika fern.
b liest Monika ein Buch.
c räumt Monika ihr Zimmer auf.
d geht allein ins Kino.
e ist in der Küche.
f heißt Harald.

Wo ist das?

Beispiel: a auf dem Bett

a
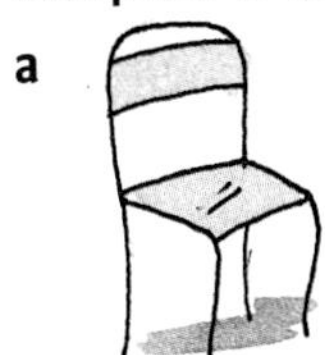
b
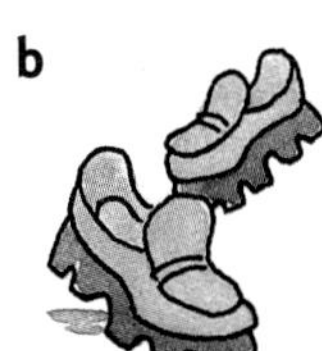
c
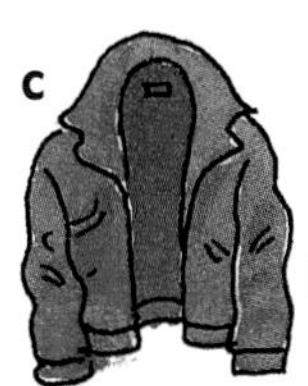
d

e

f

g

Partnerarbeit. Stell fünf Fragen über Haralds Zimmer.

Beispiel: ▲ Wo ist (der Rollschuh)?
● (Der Rollschuh) ist (auf dem Tisch). Was ist (auf der Kommode)?
▲ (Ein Apfel) ist (auf der Kommode).

Haralds Zimmer

Mach ein Formular für dich selbst.

UMFRAGE – ZUHAUSE

Name: *Monika Fledermaus* **Alter:** *13*

Adresse: *Wohnung 7a, Hansestraße 20, Hamburg*

Telefonnummer: *0454 27 89 21*

Wer wohnt bei dir? *Mein Vater und mein Bruder Harald.*

Wie hilfst du zu Hause? *Ich wasche manchmal ab. Ich räume selten mein Zimmer auf.*

Was machst du in deinem Zimmer? *Ich telefoniere mit Freunden, ich lese, ich sehe fern. Ich spiele am Computer und manchmal mache ich meine Hausaufgaben.*

Wie ist dein Zimmer? *Mein Zimmer ist groß. Ich habe ein Bett, eine Arbeitsecke und einen Fernseher. Ich mag mein Zimmer. Ich finde es toll.*

Lernzieltest Check that you can:

1	• ask a friend where he/she lives and say where you live	*Wo wohnst du? Ich wohne in ...*
	• swap addresses and phone numbers	*Wie ist deine Adresse? Und deine Telefonnummer? Meine Adresse ist ... Meine Telefonnummer ist ...*
2	• ask and say where things are in the house	*Wo ist die Katze? Das Buch ist in der Küche.*
	• say what you do in your house	*Hier koche ich. Hier sehe ich fern.*
3	• say how you help around the house and ask a friend how he/she helps around the house	*Ich mache das Bett. Ich arbeite im Garten. Räumst du dein Zimmer auf?*
4	• say what you've got in your room and ask a friend what he/she has got	*Ich habe einen Tisch und ... . Was hast du in deinem Zimmer?*
5	• describe where things are	*Die Disketten sind neben dem Computer.*
	• ask where things are	*Wo ist die Jacke? Wo sind die Sportschuhe?*
6	• give a longer description of your home and what you do there	

Wiederholung

HÖREN

1 Hör zu. Schreib die Adressen und Telefonnummern auf. (1–5)
Beispiel: 1 Markthöhe 21, 0143 12 65 23

2 Partnerarbeit. Mach Interviews.

Wo wohnst du?

Was hast du in deinem Zimmer?

Was machst du in deinem Zimmer?

Wie hilfst du zu Hause?

3 Lies die E-Mail und wähl die richtige Antwort aus.
Beispiel: 1 b

Betrifft: Wo wohnst du?
Datum: 12.07. 10:24:23
Von: Klasse 5A, Ville-Gymnasium
An: Brooks Community College (Wales) / Collège Victor Hugo (Frankreich)

Hallo!
Ich wohne in einer Wohnung in Köln. Köln finde ich toll, aber die Wohnung ist langweilig. Wir haben ein Wohnzimmer, ein Badezimmer, eine Küche und drei Schlafzimmer. Unten haben wir auch einen Keller. Leider haben wir keinen Garten.

Mein Zimmer ist groß. In meinem Zimmer habe ich ein Bett, einen Tisch, einen Stuhl und einen alten Schrank. Auf dem Tisch habe ich einen Computer – ich mag Computerspiele. Neben dem Tisch habe ich ein Bücherregal. Leider habe ich keine Stereoanlage. Am Samstag räume ich immer mein Zimmer auf, aber ich mache selten das Bett. Wo wohnst du? Was hast du in deinem Zimmer? Was machst du in deinem Zimmer? Wie hilfst du zu Hause?

Schreib bald, Jürgen :)

1 Jürgen wohnt in **a** Berlin. **b** Köln. **c** Frankreich.
2 Seine Wohnung hat **a** kein Schlafzimmer. **b** vier Schlafzimmer. **c** drei Schlafzimmer.
3 Der Keller ist **a** unten. **b** oben. **c** im Garten.
4 Jürgens Zimmer ist **a** klein. **b** groß. **c** mittelgroß.
5 Der Computer ist **a** auf dem Tisch. **b** unter dem Tisch. **c** neben dem Tisch.
6 Jürgen hört **a** oft Musik. **b** nie Musik. **c** manchmal Musik.
7 Am **a** Samstag räumt er auf. **b** Sonntag räumt er auf. **c** Mittwoch räumt er auf.
8 Jürgen macht **a** immer das Bett. **b** selten das Bett. **c** oft das Bett.

4 Finde sechs Unterschiede. *Find six differences.*
Beispiel: Auf Bild **a** ist der Fußball auf dem Bett.
Auf Bild **b** ist der Fußball unter dem Bett.

Singular **ist**
Plural **sind**

a

b

5 Schreib eine Antwort an Jürgen.

6 In der Stadt

1 Meine Stadt

Asking about a town
Talking about your town

der Park
der Supermarkt
der Bahnhof
die Post
die Kirche
die Schule
die Bibliothek
das Kino
das Café
das Rathaus
das Sportzentrum
das Schwimmbad

1a Rate mal! Was ist das?

Beispiel: 1 Das ist die Kirche.

1

2

3

4

5

6

7

8

9

10

11

12

1b Hör zu und überprüfe es. (1–12)

1c Hör nochmal zu. Schreib die Tabelle ab und füll sie aus. (1–12)

Mainzstraße	Hauptstraße	Seestraße	Kleinstraße
Schwimmbad	Kirche		

1d Wo ist alles? Schreib vier Sätze.

Beispiel: Das Schwimmbad und der Bahnhof sind in der Mainzstraße.

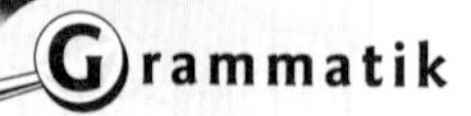

Sein *To be*

he/she	*they*
er/sie/es **ist**	sie **sind**

Lern weiter 3.3 Seite 117

Partnerarbeit.

Beispiel: ▲ Wo ist (der Bahnhof)?
● (Er) ist in (der Grünstraße).

Wo ist	der ...? Er die ...? Sie das ...? Es	ist in der ...straße.

Grammatik

It

m	*f*	*n*
der → **er**	die → **sie**	das → **es**

Wo ist **der** Bahnhof?
Er ist in der Grünstraße.

Lern weiter ▶ 3.1, Seite 115

3a Wohnen sie in Seeburg oder Weinstadt?

Beispiel: 1 Seeburg

1 In meiner Stadt gibt es ein Rathaus, eine Kirche, eine Bibliothek und eine Tanzschule.

2 Hier gibt es viele Kinos, ein gutes Sportzentrum, aber keinen Markt.

3 Ich bin sehr sportlich. In meiner Stadt fahre ich Rad, spiele Tennis und gehe auch schwimmen.

4 Ich besuche gern das Rathaus – dort lese ich Bücher und treffe meine Freunde im Café.

SEEBURG ▪ schöne Stadt an der Küste ▪ klassische Konzerte in der St.-Peter-Kirche (freitags um 20.00 Uhr) ▪ Markt (samstags 08.00–12.00 Uhr) ▪ kleines Rathaus mit Bibliothek und Café ▪ großer Supermarkt nur 5 Min. vom Bahnhof ▪ berühmte Tanzschule in der Schillerstraße

WEINSTADT ▪ große Stadt in Süddeutschland ▪ Rathaus mit historischer Uhr (täglich 12.00, 14.00 und 18.00 Uhr) ▪ drei Kinos ▪ Sportzentrum mit Schwimmbad, Sauna und Fitnesshalle ▪ Bibliothek ▪ großer Park (vier Tennisplätze) – ideal für Radfahren und Rollschuhlaufen

Partnerarbeit.

Beispiel: ▲ Gibt es (einen Park) in (Seeburg)?
● (Nein). Gibt es (ein Rathaus) in (Weinstadt)?

Grammatik

Es gibt + *accusative*

	m	*f*	*n*
	ein Park	eine Post	ein Rathaus
Es gibt	**einen** Park	**eine** Post	**ein** Rathaus

Gibt es **einen** Supermarkt?

Lern weiter ▶ 3.6, Seite 119

Wo wohnst du? Was gibt es in deiner Stadt?

Beispiel: Ich wohne in Teddington. Es gibt eine Bibliothek. Sie ist in der Waldegrave-Straße. Es gibt auch einen Supermarkt. Er ist in ...

2 Man kann vieles machen

Asking what you can do in town
Saying what you can do in town

Hör zu. Was kann man machen? (1–8)
Beispiel: 1 d

Tollstadt

a Man kann ins Kino gehen.
b Man kann schwimmen gehen.
c Man kann Freunde im Jugendclub treffen.
d Man kann einkaufen gehen.
e Man kann Tennis spielen.
f Man kann das Rathaus besichtigen.
g Man kann Freunde im Café treffen.
h Man kann Fußball spielen.

Hör zu und ergänze. Dann wiederhole.

Partnerarbeit. Memoryspiel.

Beispiel:
▲ Was kann man in Tollstadt machen?
● Man kann (einkaufen gehen). Und was noch?
▲ Man kann ...

Und was noch? *And what else?*

Grammatik

Man kann + *infinitive at the end*
Was **kann** man **machen**?
Man **kann** ins Kino **gehen**.

Lern weiter ▶ 3.5, Seite 118

Schreib Sätze.
Beispiel: **1** Man kann das Rathaus besichtigen.

Man kann ...

1 das Rathaus
2 ins Kino
3 Fußball
4 Freunde im Café
5 einkaufen
6 Tennis
7 Freunde im Jugendclub
8 schwimmen

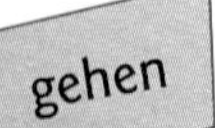

spielen

treffen

besichtigen

5a Lies die E-Mail. Was ist <u>neu</u>? Schau in den Wortschatz.

Beispiel: Geschäfte – *shops*

5b Was kann Kaya in Hamburg machen?

Beispiel: a In Hamburg kann Kaya Fußball spielen.

a 
b 
c 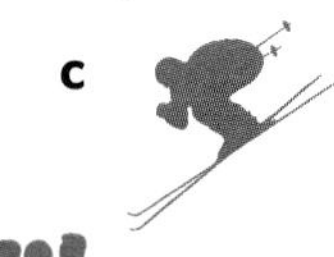
d 
e 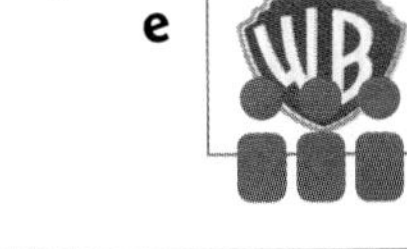

f
g

Betrifft: Was kann man in Hamburg machen?
Datum: 10.04. 10:03:41
Von: Klasse 6A, Heinrich-Böll-Schule
An: Brooks Community College (Wales) / Collège Victor Hugo (Frankreich)

Hallo!
Ich schreibe aus Hamburg. Hamburg ist eine große Stadt in Norddeutschland. Ich wohne gern hier. Man kann vieles machen! Es gibt viele, viele <u>Geschäfte</u>, einen <u>Fernsehturm</u>, <u>Museen</u>, einen <u>See</u> (toll zum Angeln!), einen <u>Hafen</u>, ein Rathaus ... In der <u>Stadtmitte</u> kann man auch Filme sehen und ins Restaurant gehen. Hier in meiner <u>Gegend</u> kann man auch vieles machen. Man kann im Park Fußball spielen oder man kann schwimmen gehen. Es gibt einen guten Jugendclub – dort kann man Freunde treffen und <u>plaudern</u> – das finde ich <u>spitze</u>! Wo wohnst du? Was gibt es in deiner Stadt? Was kann man dort machen?
Tschüs, Kaya :)

6 Lies und ergänze.

Beispiel: **1** Hier ist der Hafen.

1 Hier ist ... . Er ist sehr interessant. Am ... gibt es einen Fischmarkt.

2 Hier ist der Fernsehturm. Er ist sehr hoch. Oben gibt es ein ... . Dort kann man Kuchen ... und Kaffee trinken.

3 Hier ist der Binnenalster – das ist ein großer See in Hamburg. Hier kann man ... und windsurfen.

4 Das sind die ... . Hier kann man einkaufen gehen. Das finde ich toll.

See
angeln
der Hafen
essen
Geschäfte
Café
toll
Sonntag
trinken
Juli
fernsehen
Kinos

7 Was kann man in deiner Stadt / in deinem Dorf machen?

Beispiel: Ich wohne in Rugby. Hier kann man ins Kino gehen.
Man kann auch Tennis oder Fußball spielen.

3 Das Hamburgspiel

Playing a game with a friend

Hör zu und lies.

● Das Hamburgspiel. Toll!

▲ Ja! Wer beginnt?

● Ich. Ich bin dran.

▲ O.K. Hast du den Würfel?

● Ja, hier ist er. Also, los geht's.

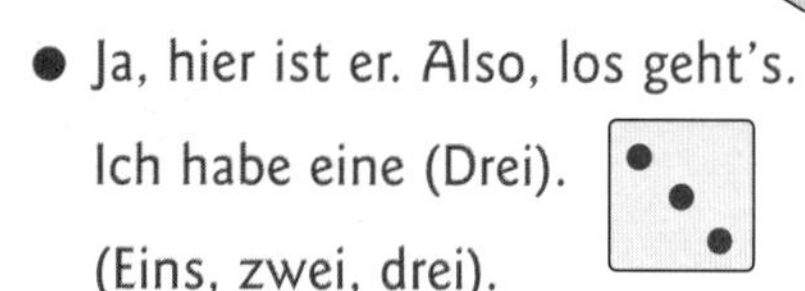

Ich habe eine (Drei).
(Eins, zwei, drei).

▲ Das ist (grün). (Was kann man in Hamburg machen)?

● (Man kann Fußball spielen).

▲ Richtig.

● Du bist dran.

▲ O.K. Also, ich habe eine (Fünf). (Eins, zwei, drei, vier, fünf).

● Das ist (rot). (Was gibt es in Hamburg)?

▲ (Es gibt ein Rathaus).

● Falsch! (Das ist die Bibliothek). Einmal aussetzen! Ich bin dran. Toll, ich habe eine (Sechs)! (Eins, zwei, drei, vier, fünf, sechs). Ach, nein! Zwei Felder zurück.

Aber ich bin nochmal dran. Eine (Drei) 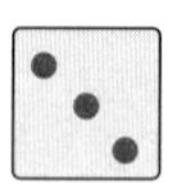 (Eins, zwei, drei). Ach, das ist nichts. Du bist dran!

Was heißt das auf Deutsch?
Beispiel: **1** Du bist dran.

1 It's your turn.
2 Let's go.
3 Right.
4 I've got a six.
5 Wrong.
6 Who begins?
7 Go back two spaces.
8 Miss a turn.
9 It's my turn.
10 Have you got the die?

Partnerarbeit. Spiel das Hamburgspiel!

Das Hamburgspiel

- ■ Was gibt es in Hamburg?
- ■ Was kann man in Hamburg machen?

 Zwei Felder zurück!

Falsch! = Einmal aussetzen.

Ich bin dran. Du bist dran.
Wer beginnt? Zwei Felder zurück.
Einmal aussetzen.
Los geht's. Richtig. Falsch.
Hast du den Würfel?
Ich habe eine Drei/Fünf/...

21 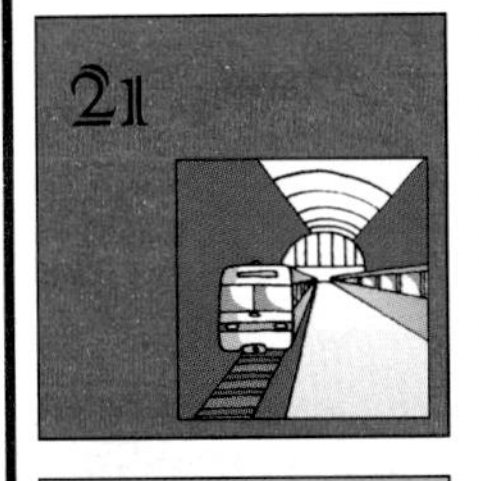	22 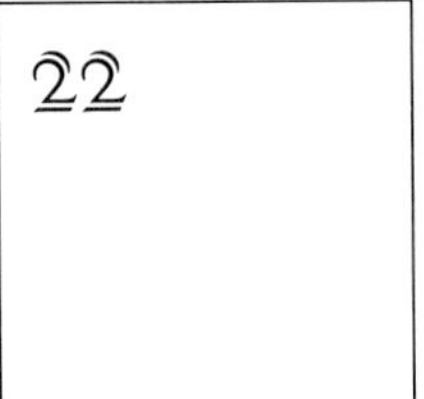	23 	24 	25 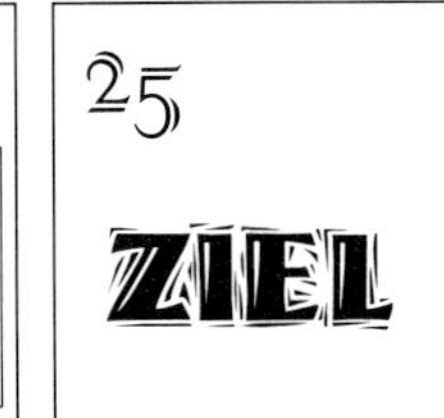 ZIEL
20 	19 	18 	17 	16 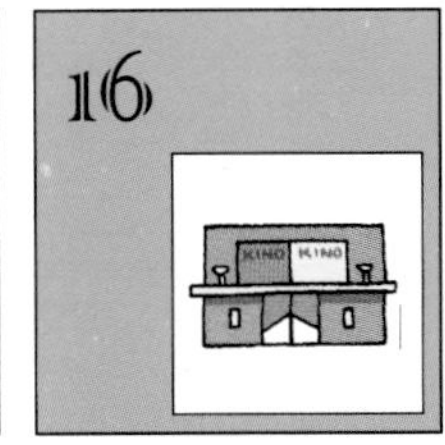
11 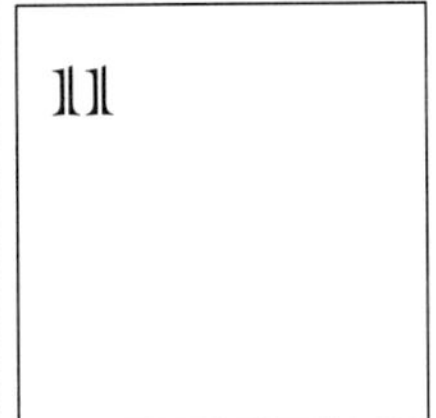	12 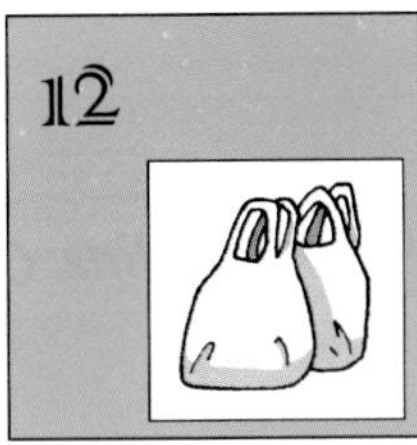	13 	14 	15 
10 	9 	8 	7 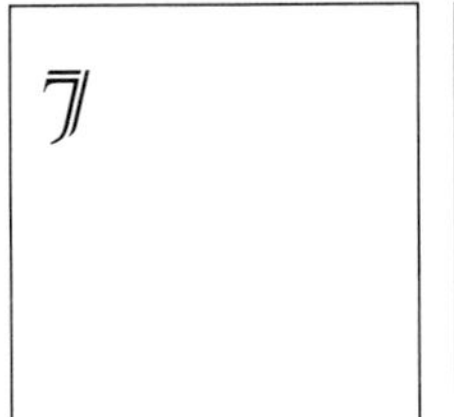	6 
1	2 	3 	4 	5 

MINI-TEST

Check that you can:

- ask about a town and talk about your town
- ask and say what you can do in town
- play a game with a friend

4 Im Eiscafé

Counting to 100
Ordering some food and drink at an ice-cream café

60	sechzig
61	einundsechzig
70	siebzig
72	zweiundsiebzig
80	achtzig
90	neunzig
100	hundert

1a Welche Zahlen sind das?
Beispiel: a fünfundzwanzig

a

25

b

10 EURO

c

€ 89,90
Fußballhose Home-Short

d

PM 6:15

e

22 23 24 25 26
29 30 31

f

Bestell-Hotline: 0 18 05 - 67 16 90

HÖREN **1b Hör zu und überprüfe es. (a–f)**

HÖREN **2 Hör zu. Richtig oder falsch? (1–10)**
Beispiel: **1** Richtig

Karte

	€
Vanilleeis	2,30
Erdbeereis	2,40
Schokoladeneis	2,40
Zitroneneis	2,40
Pistazieneis	2,70
Apfelkuchen	1,70
Schokoladenkuchen	1,70
Kaffee (mit Sahne, Milch)	2,00
Tee (mit Milch, Zitrone)	1,50
heiße Schokolade	1,65
Apfelsaft/Orangensaft	1,80
Cola/Mineralwasser	1,20

3a **Hör zu und lies. Was bestellen sie?** *What are they ordering?*

– Guten Tag! Bitte sehr?
– Einmal Erdbeereis und einmal Schokoladenkuchen, bitte.
– Und zu trinken?
– Einmal heiße Schokolade und zweimal Apfelsaft, bitte.

– Zahlen, bitte.
– Neun Euro fünfunddreizig, bitte.

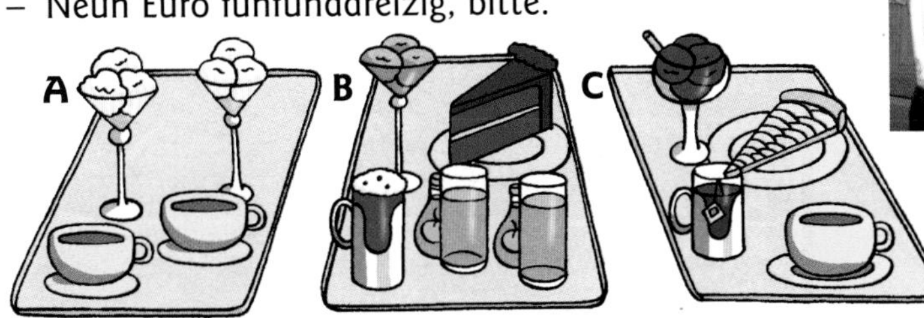

Schreib die Dialoge für Bilder A und C.

Beispiel: – Guten Tag! Bitte sehr?
– Zweimal Kaffee und ...

Partnerarbeit. Bilde Dialoge.

● Guten Tag! Bitte sehr?

▲ Einmal/Zweimal ...

● Und zu trinken?

▲ Einmal/Zweimal ...

▲ Zahlen, bitte.

Auswendig lernen! Mach das Buch zu und spiel eine Cafészene vor.
Learn by heart! Close your book and act out a café scene.

5 An der Imbissstube

Asking a friend what snack foods he/she likes
Saying what snack foods you like

Was bestellen sie?
What are they ordering?
Beispiel: 1 Einmal Currywurst mit Mayonnaise, bitte.

Schaschlik	€ 2,60
Hamburger	€ 2,30
Cheeseburger	€ 2,70
Wurst	€ 1,90
Currywurst	€ 2,20
Pizza	€ 3,80
Pommes	€ 0,80
Kaffee	€ 1,00
Tee	€ 1,00
Cola/Orangensaft	€ 0,70

mit Ketchup, Senf, Mayonnaise

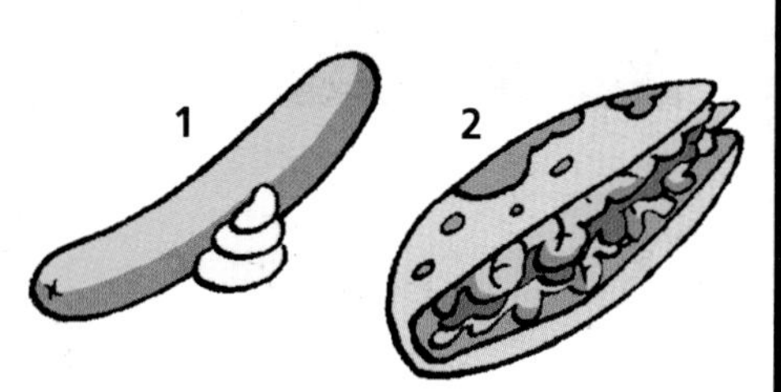

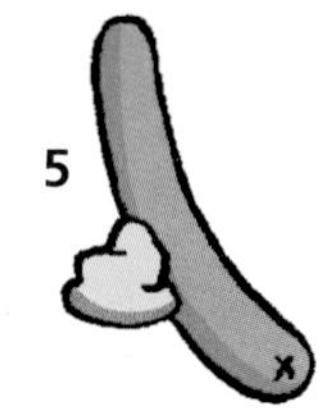

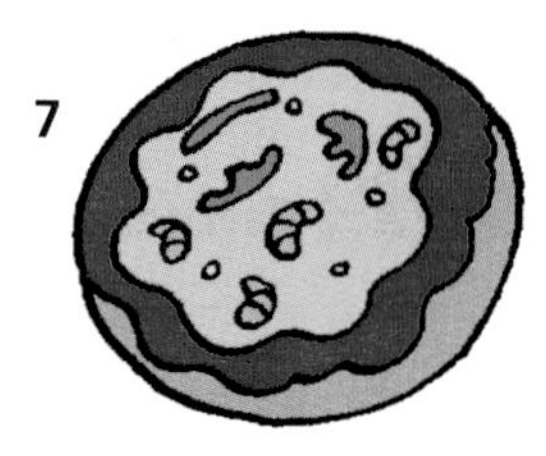

1b Hör zu und überprüfe es. (1–7)

Heute ist ein Fußballspiel. Was kostet das an der Imbissstube?
Today there's a football match. What does it cost at the snack bar?
Beispiel: a 2,70 + 0,80 + 0,70 = € 4,20

Ich bin ein großer Fußballfan. Am Spieltag bin ich sehr nervös, aber ich esse immer Cheeseburger mit Pommes und Ketchup. Ich trinke gern eine Cola dazu.

a

b

Am Spieltag esse ich nichts – ich bin immer zu nervös. Aber ich trinke einen Kaffee.

Ich liebe Wurst! Am Spieltag esse ich dreimal Wurst mit Senf und einmal Pommes mit Mayonnaise. Ich trinke gern eine Cola dazu.

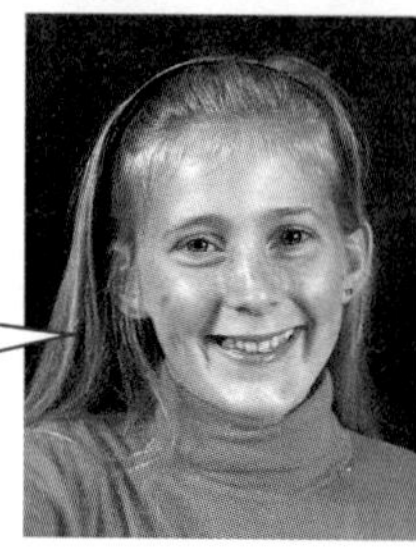

c

d

Ich mag Fußball und ich mag auch die Imbissstube! Ich esse immer Schaschlik mit Pommes. Dazu trinke ich gern einen Orangensaft.

Partnerarbeit.

Beispiel: ▲ Was isst du gern an der Imbissstube?
● Ich esse gern (Pizza und Wurst).
▲ Und was trinkst du gern?
● Ich trinke gern (eine Cola).

Was	isst	du gern an der Imbissstube?	
	trinkst		
Ich	esse	gern	Pizza / Wurst mit Pommes / ...
	trinke		eine Cola / einen Kaffee / ...

Hör zu und lies.

Nach der Schule

Miriam: Hurra! Die Schule ist aus!
Jürgen: Ja, und ich habe Hunger!
Stefan: Ich auch! Und ich habe Durst.
Jürgen: Möchtest du ins Café gehen?
Stefan: Ja, gute Idee. Kommst du mit, Miriam?
Miriam: Nein, ich kann nicht. Um zwei Uhr treffe ich meine Mutter in der Bibliothek.

Im Café

Kellnerin: Guten Tag. Bitte sehr?
Jürgen: Einmal Hamburger, ein Stück Pizza, eine große Portion Pommes mit Ketchup, einmal Kaffee und ... hm ... und ein Mineralwasser, bitte. Oh, ja, ich möchte auch ein Stück Apfelkuchen mit Vanilleeis.
Kellnerin: Danke schön. Das kommt gleich.
Stefan: Moment mal! Ich habe auch Hunger und Durst!
Kellnerin: Ach, hm ... Entschuldigung, ... ist das alles für dich?
Jürgen: Ja. Ich habe großen Hunger.
Kellnerin: O.K. Also, bitte sehr, junger Mann?
Stefan: Ja, für mich einmal Currywurst mit Pommes und Mayonnaise, einmal Erdbeereis mit Sahne und ein Stück Apfelkuchen, bitte.
Kellnerin: Und zu trinken?
Stefan: Einmal Cola, bitte.

Dreißig Minuten später

Stefan: Zahlen, bitte!
Kellnerin: Also, das macht € 22,50, bitte.
Stefan: Was? So viel? Aber ich habe nur € 8,00 dabei. Und du, Jürgen?
Jürgen: Tja, und ich habe nur € 5,00.

In der Küche

Stefan: Ich wasche nicht gern ab!
Jürgen: Ich auch nicht!

Was schreibt die Kellnerin?

Beispiel: Hamburger, Pizza, ...

Wer hat das – Stefan oder Jürgen?

Beispiel: a Stefan

Du und dein Freund / deine Freundin seid im Café und ihr habt großen Hunger. Schreib die Szene!

6 Schule aus!

Talking about how you learn German
Talking about practising German

Wie kann man Deutsch üben?
Man kann ...
Vokabeln lernen.
Bücher lesen.
Logo! lesen.
Listen machen.
Postkarten schreiben.
Kassetten hören.
deutsche Computerspiele machen.
fernsehen.
nach Deutschland fahren.
Partnerarbeit machen.

Wie kann man Deutsch üben? Schreib Sätze.
Beispiel: a Man kann Kassetten hören.

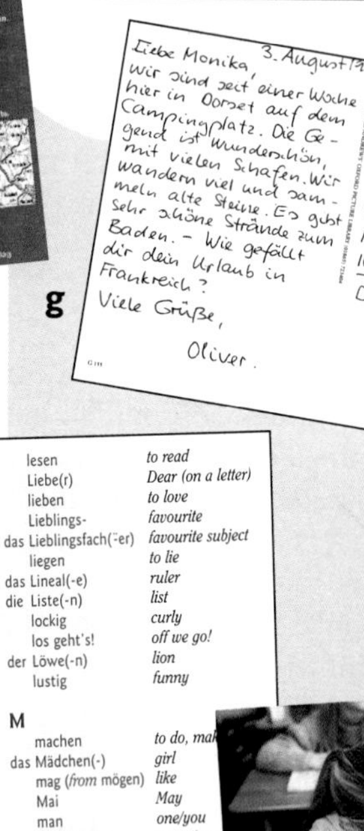

2 Hör zu. Wie üben sie Deutsch? (1–5)
Beispiel: **1** d, g, a

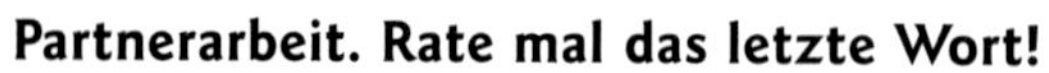

3 Partnerarbeit. Rate mal das letzte Wort!
Beispiel:
▲ Wie kann man Deutsch üben?
● Man kann (Postkarten) ...
▲ (schreiben).
● Richtig! Wie kann man Deutsch üben?

Und du? Wie übst du Deutsch?
Beispiel: Ich schreibe Postkarten, ...

lerne
lese
mache
schreibe
sehe fern
höre
fahre

5 Wer macht das? George, Tracy oder Hannah?

Beispiel: a George

Deutsch üben ist wichtig

Was musst du in den Ferien machen?

Ich habe eine Sechs in Deutsch. Ich muss *Logo!* lesen und ich muss Kassetten hören.

Tracy

Ich habe eine Drei in Deutsch. Ich muss Vokabeln lernen und Bücher lesen.

Hannah

Ich habe eine Eins in Deutsch! Ich fahre nach Deutschland und schreibe Postkarten.

George

1 sehr gut
2 gut
3 befriedigend
4 ausreichend
5 mangelhaft
6 ungenügend

Müssen/Können + *infinitive at the end*

Was **musst** du **machen**?
Ich **muss** Vokabeln **lernen**.
Was **kann** man **machen**?
Man **kann** Bücher **lesen**.

Lern weiter ▶ 3.5, Seite 118

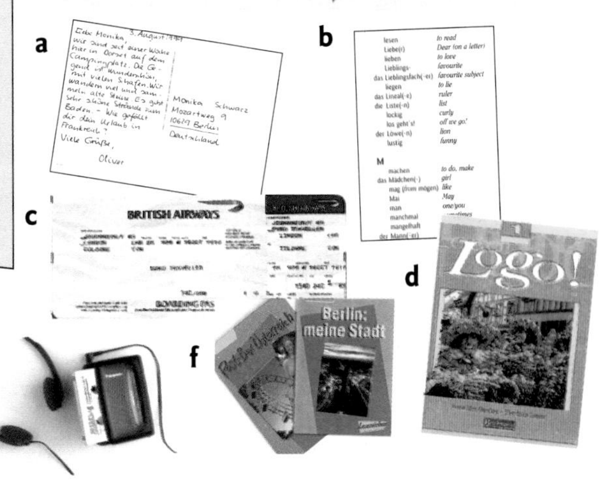

6 Und du? Was musst du in den Ferien machen?

Beispiel: Ich muss *Logo!* lesen.

7a Hör zu und sing mit!

7b Hör zu. Ist das Strophe 1, 2 oder 3?

Beispiel: a Strophe 3

1 Was machst du in den Ferien?
Ich fahre nach Genf
Ich gehe sehr oft schwimmen
Und ich esse Wurst mit Senf.

Und ich? Ich muss Deutsch üben. Ich muss Vokabeln lernen.
Und ich? Ich muss Deutsch üben. Ich muss viele Listen machen.

2 Was machst du in den Ferien?
Ich fahre nach Leicester
Ich gehe oft ins Kino
Und ich besuche meine Schwester.

Und ich? Ich muss Deutsch üben. Ich muss Kassetten hören.
Und ich? Ich muss Deutsch üben. Ich muss Logo! *nochmal lesen.*

3 Was machst du in den Ferien?
Ich fahre nach Luzern
Ich esse viel Schokolade
Und manchmal sehe ich fern.

Und ich? Ich muss Deutsch üben. Ich muss Bücher lesen.
Und ich? Ich muss Deutsch üben. Ich muss Postkarten schreiben.

a b c e

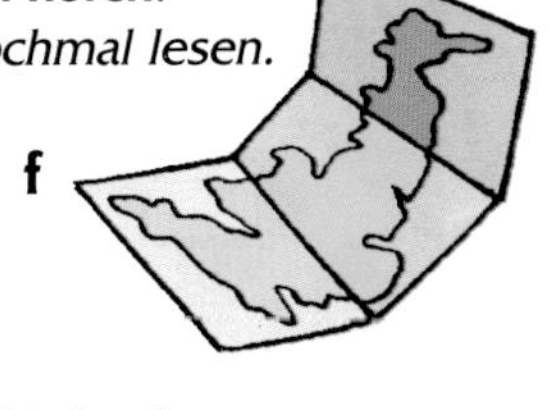

Lernzieltest Check that you can:

1	●	ask about a town and talk about your town	*Wo ist der Bahnhof? Er ist in der Mainzstraße. Was gibt es in Neustadt? Es gibt einen Park und ein Schwimmbad.*
2	●	ask and say what you can do in town	*Was kann man in Tollstadt machen? Man kann ins Kino gehen.*
3	●	play a game with a friend	*Du bist dran. Einmal aussetzen.*
4	●	count to 100	*einundsechzig, siebzig, achtzig, neunzig, hundert*
	●	order some food and drink at an ice-cream café	*Einmal Erdbeereis, bitte. Zahlen, bitte!*
5	●	ask a friend what snack foods he/she likes and say what snack foods you like	*Was isst du gern? Ich esse gern Hamburger und Pizza.*
6	●	talk about how you learn German	*Ich schreibe Postkarten. Ich höre Kassetten.*
	●	talk about practising German	*Ich muss Vokabeln lernen. Ich kann Bücher lesen.*

Wiederholung

1 Hör zu. Was kostet das? (1–8) *How much does it cost?*
Beispiel: 1 € 16,80

2 Hör zu. Was gibt es in der Stadt?
Beispiel: b, …

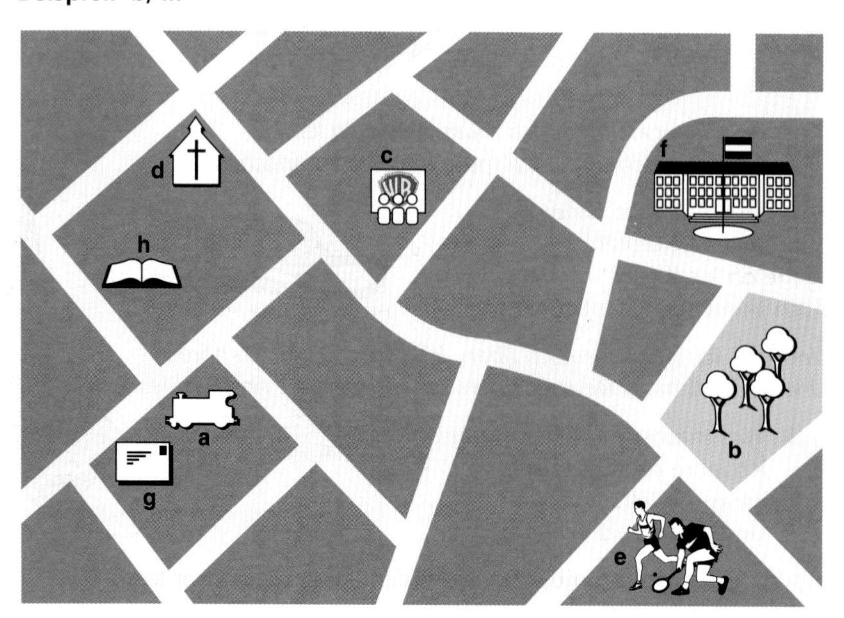

3 Partnerarbeit. Im Café.

Beispiel: ▲ Guten Tag! Bitte sehr?
● (Einmal) (Apfelkuchen mit Sahne), bitte.
▲ Und zu trinken?
● (Einmal) (Kaffee mit Milch). ... Zahlen, bitte.
▲ Das macht (drei Euro zwanzig).

a 
b 
c 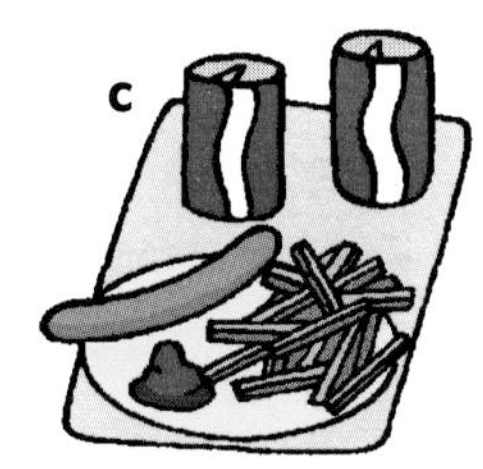
d **e** 

4 Lies den Text und beantworte die Fragen.

Beispiel: **1** Yasmins Großmutter (wohnt in der Türkei).

1 Wer wohnt in der Türkei?
2 Wie alt ist Yasmins Großmutter?
3 Was kann Yasmin machen?
4 Was isst Yasmin gern?
5 Was muss sie lernen?
6 Was schreibt Yasmin?

Was machst du in den Ferien, Yasmin?

In den Ferien besuche ich meine Großmutter. Sie wohnt in der Türkei, sie ist zweiundsiebzig Jahre alt und sehr lustig. Sie wohnt in einem Dorf an der Küste – dort kann man schwimmen gehen, Tennis spielen, Freunde im Café treffen und viel, viel Eis essen! Mein Lieblingseis ist Pistazieneis mit Sahne! Leider muss ich mein Englischbuch in die Türkei mitnehmen und Vokabeln lernen. Ich muss auch viele Postkarten schreiben – das finde ich langweilig. Also, los geht's! Tschüs!

5 Was kann man in dieser Stadt machen? Schreib Sätze.

Beispiel: a Man kann ins Kino gehen.

a 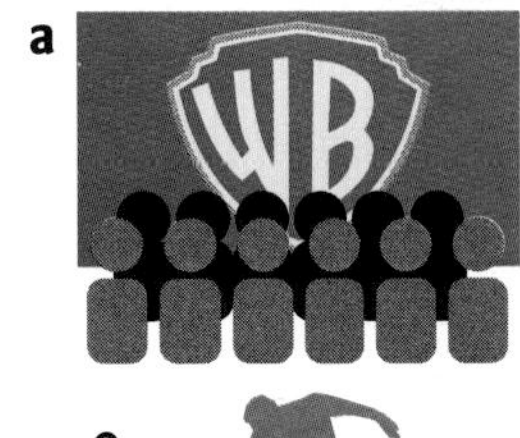

b 
c 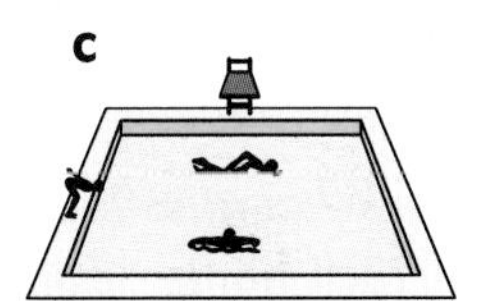
d 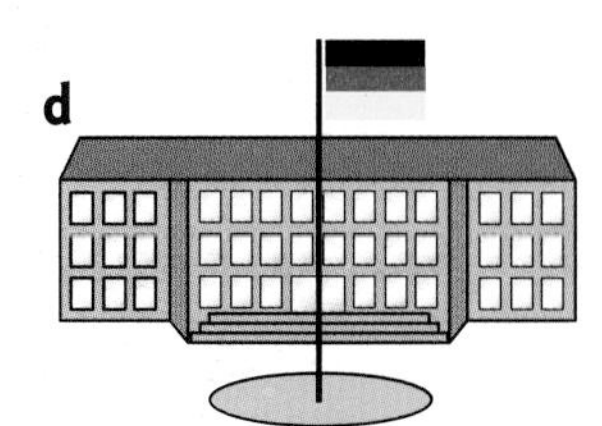
e 
f 
g 
h 

1 **Ergänze die Sätze.** *Complete the sentences.*
Beispiel: 1 Hallo! Ich heiße Marie. Ich ...

1 Hallo! Ich heiße ... . Ich ... in Paris. Das ist in ... .

2 ...! Ich ... Patrick. Ich ... in Dublin. Das ist in ... .

3 Hallo! ... heiße Thomas. Ich wohne ... Berlin. Das ist in ... .

Marie, Frankreich

Patrick, Irland

Thomas, Deutschland

2 **Richtig oder falsch?** *True or false?*
Beispiel: 1 Falsch

1 Der Hund ist braun und weiß.
2 Das Etui ist bunt.
3 Die Banane ist grün.
4 Der Taschenrechner ist blau.
5 Der Apfel ist rot und grün.
6 Der Volkswagen ist schwarz.

3 **Was passt zusammen?** *What goes together?*
Beispiel: 1 Wie heißt du? Ich heiße Sabine Märkel.

1 Ich heiße Sabine Märkel.
2 M.Ä.R.K.E.L.
3 Ich wohne in Deutschland.
4 Ich habe am achten Februar Geburtstag.
5 Das ist meine Katze.
6 Ich bin zwölf Jahre alt.

Wo wohnst du?
Was ist das?
Wie alt bist du?
Wie schreibt man das?
Wie heißt du?
Wann hast du Geburtstag?

1 Schreib Texte für Jens, Eva und Martin.

Beispiel: Hallo. Ich heiße Wilhelm. Ich wohne in Bern. Das ist in der Schweiz.

Wilhelm, Bern

Jens, Paris

Eva, Glasgow

Martina, Salzburg

2 Lies den Dialog. Was hat Markus für Jens?

Beispiel: f, ...

Jens: Markus, hast du einen Bleistift?
Markus: Ja, hier ist ein Bleistift.
Jens: Markus, hast du ein Lineal?
Markus: Ja, hier ist ein Lineal.
Jens: Hast du eine Schere?
Markus: Ja, hier ist eine Schere.
Jens: Markus, hast du ein Wörterbuch?
Markus: Ja, hier ist ein Wörterbuch.
Jens: Hast du ein Heft?
Markus: Ja, hier ist ein Heft.
Jens: Danke. Aber was ist das?
Markus: Das ist die Rechnung, Jens. 10 Euro, bitte!

die Rechnung *the bill*

3 Hier sind die Antworten. Was sind die Fragen?

Here are the answers. What are the questions?

Beispiel: 1 Wie heißt du?

1. Ich heiße Katrin Pullmann.
2. Ich bin 14 Jahre alt.
3. Ich habe am sechsten Juli Geburtstag.
4. Das ist meine Katze.
5. Ich wohne in Deutschland.

Wann?

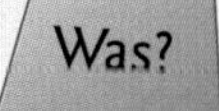

Ist das positiv (☺) oder negativ (☹) ? *Positive or negative?*
Beispiel: 1 ☺

1 Deutsch ist mein Lieblingsfach.
2 Ich finde Mathe langweilig.
3 Englisch? Das finde ich gut.
4 Informatik finde ich schwierig.
5 Geschichte finde ich interessant.
6 Erdkunde? Ach, nein, das ist nicht gut!

Verbinde die Satzhälften. *Join up the sentence halves.*
Beispiel: 1 Die erste Stunde beginnt um acht Uhr.

1 Die erste Stunde beginnt um 

2 Die zweite Stunde beginnt um 08.50

3 Die dritte Stunde beginnt um 

4 Die vierte Stunde beginnt um 

5 Die fünfte Stunde beginnt um 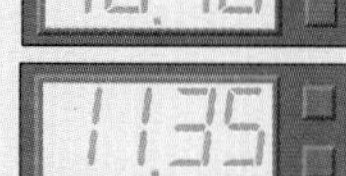

acht Uhr fünfzig.
zehn Uhr vierzig.
acht Uhr.
neun Uhr fünfundvierzig.
elf Uhr fünfunddreißig.

Was sagen sie? Schreib Sätze. *What do they say? Write sentences.*
Beispiel: Anna: Ich esse ein Butterbrot und ich trinke eine Cola.

Anna Ich esse  und ich trinke .

Patrick Ich esse 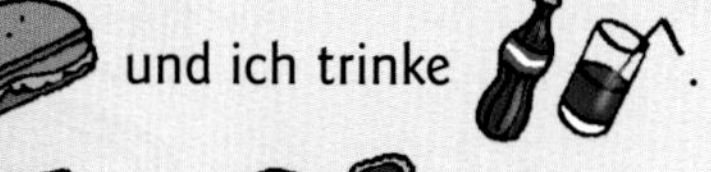  und und ich trinke .

Fatira Ich esse  und  und ich trinke .

eine Banane
eine Cola
ein Stück Kuchen
ein Butterbrot
einen Apfel
einen Orangensaft
Chips
nichts
Kekse

Wer sagt das? *Who says this?*
Beispiel: 1 Paula

1 Ich trage einen Rock.
2 Ich trage einen Pullover. Der Pullover ist rot.
3 Die Jacke ist gelb.
4 Ich trage eine Jeans.
5 Ich finde das T-Shirt toll.

Paula

Tristan

Was findet Monika gut (☺) und nicht gut (☹)? Mach eine Liste.

Beispiel:

☺	☹
Englisch	

Hamburg, den 23. Oktober

Hallo!

Ich heiße Monika und ich bin 13 Jahre alt. Meine Schule heißt die Thomas-Mann-Schule und ich bin in der Klasse 7F. Mein Lieblingsfach ist Englisch mit Frau Windsor – das finde ich toll, und Frau Windsor ist super. Deutsch finde ich auch gut, aber Französisch ist sehr schwierig. Ich finde Mathe und Naturwissenschaften interessant. Sport ist sehr anstrengend, finde ich. Musik und Kunst finde ich sehr langweilig.

Tschüs.

Monika

Ordne die Sätze von der ersten bis zur sechsten Stunde.

Put the sentences in the right order, from the first to the sixth lesson.

Beispiel: Die erste Stunde beginnt um acht Uhr zehn. **(c)**

a Die ... Stunde beginnt um zehn Uhr fünfzig.

b Die ... Stunde beginnt um neun Uhr fünfundfünfzig.

c Die ... Stunde beginnt um acht Uhr zehn.

d Die ... Stunde beginnt um elf Uhr vierzig.

e Die ... Stunde beginnt um neun Uhr.

f Die ... Stunde beginnt um zwölf Uhr fünfundzwanzig.

erste
zweite
dritte
vierte
fünfte
sechste

Was sagen sie?

Beispiel: Anna: Ich esse ein Butterbrot und ich trinke eine Cola.

Frank beschreibt seine Schulunifrom. Was sagt er?

Beispiel: Ich trage einen Pullover. Der Pullover ist rot, gelb, ...

1 Lies die Texte. Wer ist das? *Read the texts. Who is it?*

1 Ich habe zwei Schwestern. Ich habe auch einen Hund und zwei Pferde.

2 Ich habe einen Bruder und eine Schwester. Ich habe auch eine Katze und zwei Meerschweinchen.

3 Ich habe keine Geschwister, aber ich habe viele Haustiere. Ich habe drei Vögel, zwei Kaninchen und einen Hund.

4 Ich habe zwei Brüder und drei Schwestern. Ich habe auch eine Maus.

2 Jakob beschreibt seine Familie. Was sagt er? Schreib 10 Sätze.
Jakob describes his family. What is he saying? Write 10 sentences.
Beispiel: Meine Mutter hat lange, braune Haare.

Mein(e) ...	hat	blonde/braune/schwarze/lockige/glatte/kurze/lange	Haare.
	ist	sehr/ziemlich	groß/klein/dick/schlank.

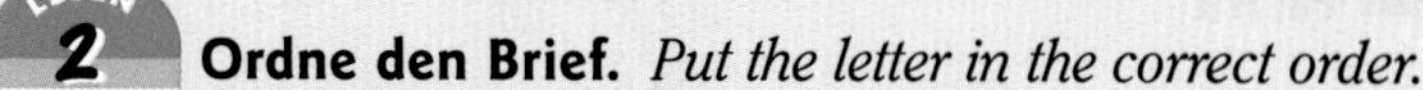

2 Ordne den Brief. *Put the letter in the correct order.*
Beispiel: 6, 8, ...

1 Hier ist ein Foto von meiner Familie. Ich habe einen Bruder und

2 ziemlich musikalisch. Ich bin sehr intelligent!! Und du?

3 Deine Sybille

4 eine Schwester. Mein Bruder ist

5 vielen Dank für deinen Brief.

6 Berlin, den 3. Februar

7 Schreib bald wieder!

8 Liebe Sina,

Lies den Text. Was passt zusammen?
Beispiel: 1 f

Hallo! Ich heiße Florian und ich wohne in Neuberg. Das ist in der Schweiz. Ich habe einen Bruder und zwei Schwestern. Ich habe auch eine Katze, zwei Meerschweinchen und eine Spinne. Die Katze heißt Beatrix. Sie ist acht Monate alt und sie findet Mäuse toll. Meine Spinne heißt Kaiserin – sie ist schwarz. Ich finde sie super, aber die Meerschweinchen finde ich langweilig. Und du? Wie heißt du? Wo wohnst du? Hast du Geschwister? Hast du Haustiere?

1 Die Katze
2 Die Spinne
3 Beatrix
4 Florian findet
5 Florians Spinne
6 Florian hat
7 Beatrix findet
8 Florian wohnt

a Mäuse toll.
b einen Bruder und zwei Schwestern.
c in der Schweiz.
d ist schwarz.
e ist eine Katze.
f ist acht Monate alt.
g heißt Kaiserin.
h Meerschweinchen langweilig.

Beantworte die Fragen in Florians Brief für dich. Gib so viele Details wie Florian.
Answer the questions in Florian's letter for yourself. Give as many details as Florian.
Beispiel: Ich heiße ... und ich wohne in ... Ich habe ... Ich habe ...

Lies den Brief und beantworte die Fragen.
Beispiel: 1 Torbens Mutter

Wer ...
1 ist 41 Jahre alt?
2 ist Onkel?
3 ist jetzt Mutter?
4 ist sechs Tage alt?
5 hat schwarze Haare?
6 hat ein Geschenk für Natascha?
7 ist Torbens Brieffreundin?
8 hat braune Augen?
9 ist Großmutter?

Bochum, den 11. Januar

Liebe Helen,

ich bin Onkel! Meine Schwester, Sabine, hat ein neues Baby! Das Baby heißt Natascha und sieht sehr lustig aus! Es hat kurze, schwarze Haare und große, braune Augen – es ist sechs Tage alt und ist sehr klein! Meine Mutter ist jetzt Großmutter, aber das findet sie nicht gut – sie ist erst 41 Jahre alt! Ich habe ein Geschenk für das Baby – einen Teddybär. Hier ist ein Foto von Natascha.

Schreib bald wieder!

Dein Torben

Lies die Texte. Sind die Bilder für Colja oder Janina?

Read the texts. Are the pictures for Colja or Janina?

Beispiel: a Colja

Mein Lieblingssport ist Basketball. Freitags und samstags spiele ich Basketball – das finde ich super. Ich spiele auch Gitarre in einer Rockgruppe – das mag ich – es ist lustig. In meiner Freizeit besuche ich Freunde und ich fahre Rad.

Colja

In meiner Freizeit lese ich Comics und Bücher. Ich sehe auch fern und sonntags gehe ich schwimmen. Mein Lieblingshobby ist Musik – ich höre jeden Tag Kassetten und CDs. Ich spiele auch Klavier – das finde ich interessant.

Janina

Was macht Kirstens Familie gern? Was sagt er?

What does Kirsten's family like doing?
What does he say?

Beispiel: a Meine Schwester sieht gern fern.

geht	gern	fern
sieht		am Computer
tanzt		ins Kino
spielt		schwimmen

a Meine Schwester

b Meine Tante

c Meine Großmutter

d Mein Vater

e Mein Onkel

Was machen sie und wann? *What are they doing and when?*

Beispiel: 1 c, g

1 Möchtest du schwimmen gehen? Wir treffen uns um zehn Uhr dreißig.

2 Möchtest du ins Kino gehen? Wir treffen uns um acht Uhr.

3 Möchtest du meine Großmutter besuchen? Wir treffen uns um zwei Uhr.

4 Möchtest du Fußball spielen? Wir treffen uns um sechs Uhr dreißig.

Lies das Interview. Beantworte die Fragen mit „Nein, er …".
Beispiel: 1 Nein, er ist sportlich.

1 Ist Dirk musikalisch? Nein, er …
2 Findet Dirk Computerspiele langweilig? Nein, er …
3 Spielt Dirk Tennis? Nein, er …
4 Mag er Rollschuhlaufen? Nein, er …
5 Geht er ins Theater? Nein, er …
6 Heißt Dirks Lieblingsfilm „Wintermonate"? Nein, er …
7 Findet Dirk Schwimmen langweilig? Nein, er …
8 Ist Märki kreativ? Nein, er …

INTERVIEW mit Dirk Messner – Filmstar!

Interviewer: Dirk, du spielst die Hauptrolle im neuen Film „Sommertage". Wie heißt du im Film, Dirk?
DM: Ich heiße Märki und im Film bin ich sehr sportlich.
I: Ach ja? Und du, Dirk? Bist du auch sportlich?
DM: Ja, sicher. Ich bin auch sehr sportlich. Ich mag Radfahren, Fußball, Leichtathletik und Skilaufen.
I: Na, das ist sportlich! Und was machst du sonst in deiner Freizeit?
DM: Tja, ich habe nicht viel Freizeit, aber ich mag Computerspiele und ich surfe im Internet.
I: Gehst du auch ins Kino?
DM: Ja, klar!
I: Und was ist dein Lieblingsfilm?
DM: „Sommertage"!

Was machen Kai und Sonja gern?
Beispiel: Kai hört gern Musik. Er …

Schreib zwei Telefongespräche.

Beispiel:
A Hallo, hast du am Montag Zeit?
B Ja.
A Möchest du schwimmen gehen?
B Ja.
A Wann treffen wir uns?
B Um drei Uhr vierzig?
A O.K. Tschüs!

Schreib das Formular ab und füll es für dich aus. *Copy and fill in the form for yourself.*

Name: . . . .
Alter: . . . .
Geburtstag: . . . .
Adresse (Haus/Wohnung): . . . .
. . . .
Telefonnummer: . . . .

Was macht Paul heute? *What is Paul doing today?*
Beispiel: e, ...

Lieber Paul,
ich gehe heute in die Stadt. Bitte:
· das Badezimmer aufräumen
· das Auto waschen
· dein Bett machen
· abtrocknen
· Großmutti besuchen
· Hausaufgaben machen.
Bis später.
Mutti xxx

Zeichne Bilder. *Draw pictures.*
Beispiel: a

a Der Fußball ist auf dem Stuhl.
b Die Trompete ist unter dem Tisch.
c Der Taschenrechner ist neben dem Bett.
d Der Elefant ist zwischen dem Bett und dem Schrank.
e Die Sportschuhe sind auf dem Bücherregal.

1 Beantworte die Fragen.
Beispiel: Ich heiße ...

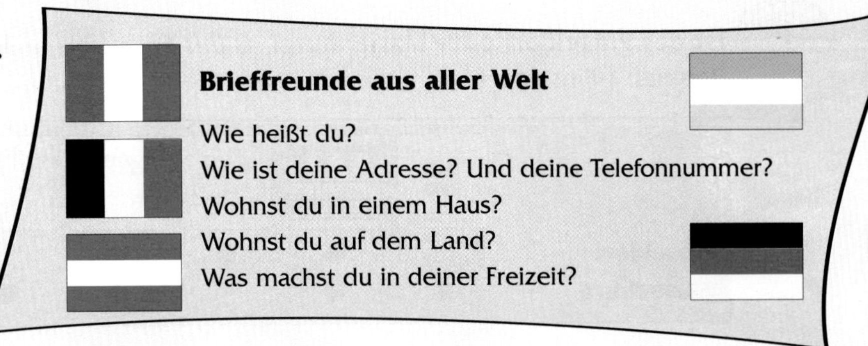

2 Lies den Brief. Um wieviel Uhr macht Karin das?
Beispiel: a um sechs Uhr

Michael,
Hilfe! Wir treffen uns um 7.00 Uhr, aber heute habe ich einen hektischen Tag ... Um 09.00 Uhr wasche ich das Auto; dann von 10.00 bis 12.00 Uhr arbeite ich im Garten. Um 12.10 Uhr bin ich dann in der Küche – ich backe einen Schokoladenkuchen für Muttis Geburtstag. Dann (50 Minuten später) wasche ich ab und ich trockne auch ab. Um 2.00 Uhr räume ich die Wohnung auf – mein Großvater besucht uns um 4.00 Uhr! Dann um 6.00 Uhr essen wir im Esszimmer.
Also, bitte, bitte, treffen wir uns NICHT um sieben Uhr!!! 8.30 Uhr finde ich besser!
Karin

3 Memoryspiel. Sieh dir das Bild auf Seite 78 eine Minute an und beantworte die Fragen.
Memory game. Look at the picture on page 78 for one minute and answer the questions.
Beispiel: 1 Die Sportschuhe sind unter dem Stuhl.

1 Wo sind die Sportschuhe?
2 Wo ist das Buch?
3 Was ist auf dem Tisch?
4 Was ist in der Tasche?
5 Wo sind die Kassetten?
6 Was ist auf dem Computer?
7 Wo ist die Tasche?

4 Sieh dir das Bild nochmal an, überprüfe und korrigiere deine Sätze.

Ist das Pinseldorf oder Marienburg? *Is this Pinseldorf or Marienburg?*
Beispiel: 1 Pinseldorf

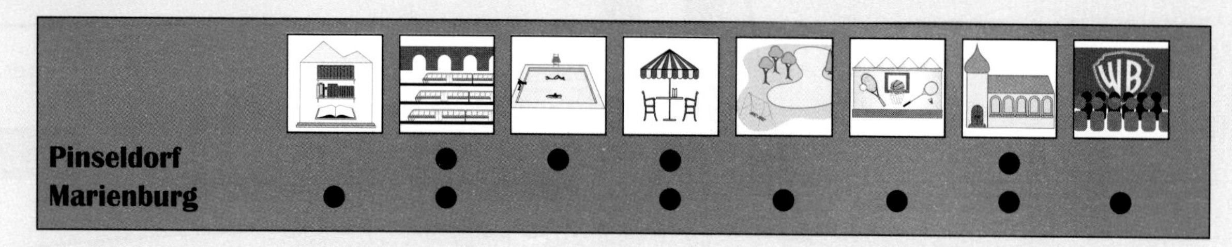

1 Hier gibt es ein Schwimmbad und eine Kirche.
2 Hier gibt es ein Sportzentrum und einen Bahnhof.
3 Hier gibt es eine Bibliothek und ein Café.
4 Hier gibt es einen Bahnhof und ein Schwimmbad.
5 Hier kann man schwimmen gehen.
6 Hier kann man Tennis und Squash spielen. Man kann auch ins Kino gehen.

Was sagen sie? *What are they saying?*
Beispiel: a Ich esse gern Cheeseburger mit Pommes. Ich trinke gern heiße Schokolade.

Apfelkuchen	Pizza
Apfelsaft	Pommes
Cheeseburger	Sahne
Erdbeereis	Schokoladenkucken
heiße Schokolade	Tee
Ketchup	Wurst
Milch	Zitrone
mit	

3a Schreib die Tabelle ab und ordne die Wörter der richtigen Kategorie zu.
Copy the grid and put the words into the right categories.

Monate	Schule	Familie	Haustiere	Hobbys	Zu Hause	In der Stadt	Im Café
Juli	Englisch						

Keller, Computerspiele, Informatik, Mai, Post, Kuchen, Badezimmer, Schwimmen, Juli, Kirche, Katze, Bruder, Englisch, Tante, Pferd, Kaffee

Schreib noch fünf Wörter für jede Kategorie. *Write five more words in each category.*

Lies das Fax und füll die Lücken aus.

Beispiel: 1 Deutschland

1 Annette fährt morgen nach ...
2 Der ... in Vanessas Stadt ist groß.
3 Die ... ist neu.
4 Man kann Squash im ... spielen.
5 Im Sportzentrum ... man auch Fitnesstraining machen.
6 Der Jugendclub ist im ...
7 Man kann ... im Jugendclub treffen.
8 Vanessa ... gern einkaufen.
9 Die Party ist am ...
10 Café Hip-Hop ist in der ...
11 Vanessa und Annette treffen sich am ... um ... Uhr am ...

Per Fax: 0044-171-358 6807
Von: Vanessa Broch
An: Annette Smith
Seitenzahl = 1

Annette,
du kommst morgen nach Deutschland! Hurra! Ich freue mich schon darauf. Hoffentlich findest du meine Stadt interessant.
Hier gibt es einen großen Park, eine Schule (das ist meine Schule!), eine alte Kirche, eine neue Bibliothek, fünf Cafés, ein Kino, ein Schwimmbad, ein modernes Rathaus und ein Sportzentrum!
Im Sportzentrum kann man Fitnesstraining machen und Squash spielen. Also pack deine Sportschuhe ein!
Im Rathaus gibt es einen Jugendclub – dort kann man Freunde treffen, Tischtennis spielen und fernsehen.
In der Stadt kann man auch einkaufen gehen – das mache ich gern.
Am Freitagabend gibt es eine Party im Café Hip-Hop in der Hauptstraße. Also, pack deine Partykleider ein!
Also, wir treffen dich am Montag um elf Uhr am Bahnhof.
Bis dann, Vanessa

Was essen und trinken sie gern?

Beispiel: Günther trinkt gern Kaffee. Er isst gern Pizza und Zitroneneis.

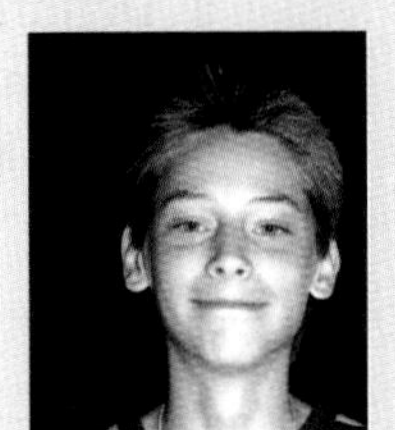
Günther 1, 6, 13

Philip 3, 8, 10, 14

Elke 4, 9, 15

Marion 2, 7, 12

Welches Wort passt nicht dazu? Schreib einen Satz damit.

Beispiel: 1 interessant → Ich finde Mathe interessant.

1 anstrengend, interessant, langweilig, nicht gut
2 Mutter, Tante, Bruder, Schwester
3 Mai, Montag, Dezember, Februar
4 Sportzentrum, Schwimmbad, Schule, Schaschlik
5 abtrocknen, abwaschen, fernsehen, arbeiten

Grammatik

1 Nouns

Nouns are 'naming' words for people, places or things. In German, all nouns begin with a capital letter:
Steffi
Deutschland (*Germany*)
der Kuli (*the pen*)

1.1 Genders

Every German noun has a gender: it is either masculine (*m*), feminine (*f*) or neuter (*n*).

1.2 Articles

There are two types of articles:

- the definite article is the word for *the*, e.g. ***the** banana* (this particular banana here)
- the indefinite article is the word for *a*, e.g. ***a** banana* (any old banana)

a Definite articles
The definite articles in German for the three genders are:

m	*f*	*n*
der	**die**	**das**

masculine word: **der Junge** (*the boy*)
feminine word: **die Banane** (*the banana*)
neuter word: **das Glas** (*the glass*)

1 Are these words masculine (*m*), feminine (*f*) or neuter (*n*)?
Beispiel: 1 (*n*)

1 das Zebra
2 die Orange
3 der Pullover
4 das Alphabet
5 der Mann
6 die Banane

2 Use the wordlist on pp. 122–128 to find out if these words are masculine (*m*), feminine (*f*) or neuter (*n*).
Beispiel: (*m*) der Tag

1 Tag
2 Apfelsaft
3 Kassette
4 Brief
5 Geschenk
6 Ketchup

b Indefinite articles
The indefinite articles in German for the three genders are:

m	*f*	*n*
ein	**eine**	**ein**

masculine word: **ein Junge** (*a boy*)
feminine word: **eine Banane** (*a banana*)
neuter word: **ein Glas** (*a glass*)

To summarise:

	m	*f*	*n*
the *a*	**der** **ein**	**die** **eine**	**das** **ein**

3 Change the German for *the* to the German for *a* each time.
Beispiel: 1 ein Heft

1 das Heft
2 die Kassette
3 der Bleistift
4 das Lineal
5 der Kuli
6 die Diskette

4 Label the pictures.
Beispiel: a Das ist eine Katze.

1.3 Plurals

Plural means more than one of something, such as *dogs*, *cats*, *horses*, etc.

a Nouns
In German, there are several ways of forming the plural. If you are unsure of the plural of a word, you can look it up in the wordlist on pp. 122–128 or in a dictionary.

To form the plurals of German words:

Singular → Plural	*In dictionary*
add **-e** to end of word: **Hund → Hunde**	**Hund(-e)**
add **-n**, **-en** or **-nen** to end of word: **Katze → Katzen** **Frau → Frauen** **Partnerin → Partnerinnen**	**Katze(-n)** **Frau(-en)** **Partnerin(-nen)**
add **-s** to end of word: **Kuli → Kulis**	**Kuli(-s)**
add an umlaut to the last **a**, **o** or **u** and nothing, **-e** or **-er** to end of word: **Apfel → Äpfel** **Stuhl → Stühle** **Buch → Bücher**	**Apfel(¨)** **Stuhl(¨e)** **Buch(¨er)**
add nothing (-) to end of word: **Mädchen → Mädchen**	**Mädchen(-)**

5 Write the plurals.
Beispiel: 1 die Katzen

1 die Katze (-n)
2 das Stück (-e)
3 das Meerschweinchen (-)
4 der Mann (¨er)
5 der Bleistift (-e)
6 das T-Shirt (-s)
7 das Buch (¨er)

6 Describe what you can see in the picture.
Beispiel: a drei Bleistifte

b Definite and indefinite articles

In the plural, the indefinite article (*a*) has no plural as in English (**ein Buch → Bücher**). The plural of the definite article (*the*) is always **die**.

	pl
a *the*	– **die**

1.4 Cases

You will meet three cases in this book: nominative (*Nom.*), accusative (*Acc.*) and dative (*Dat.*).

a The nominative case

	m	*f*	*n*	*pl*
the *a*	**der** **ein**	**die** **eine**	**das** **ein**	**die** –

The nominative case is used for the subject of the sentence. The subject is the person or thing doing the action of the verb.

Der Hund spielt Fußball.
The dog is playing football.

It is also used with expressions such as **Das ist ...** (*This is ...*) and **Hier ist ...** (*Here is ...*).

Hier ist ein Kuli. *Here is a pen.*

b The accusative case

	m	*f*	*n*	*pl*
the *a*	**den** **einen**	**die** **eine**	**das** **ein**	**die** –

The accusative case is used for the direct object of the sentence. The direct object is the person or thing having the action of the verb done to it.

Ich sehe den Hund. *I see the dog.*

It is also used with expressions such as **Es gibt ...** (*There is ...*).

Es gibt eine Kirche. *There is a church.*

To summarise:

	m	*f*	*n*	*pl*
Nom. *the* *a*	**der** **ein**	**die** **eine**	**das** **ein**	**die** –
Acc. *the* *a*	**den** **einen**	**die** **eine**	**das** **ein**	**die** –

7 Copy out the sentences and underline the subject in each one.

Beispiel: 1 Ich finde Deutsch toll.

1 Ich finde Deutsch toll.
2 Das Etui ist bunt.
3 Hier ist eine Katze.
4 Das Mädchen wohnt in Deutschland.
5 Sie heißt Margit.
6 Das Buch ist auf dem Tisch.

8 Copy out the sentences and underline the object in each one.

Beispiel: 1 Ich finde Deutsch toll.

1 Ich finde Deutsch toll.
2 Ich trage einen Pullover.
3 Der Junge hat eine Schwester.
4 Das Mädchen trinkt gern einen Tee.
5 Wir essen ein Stück Kuchen.
6 Meine Mutter hat einen Volkswagen.

9 Nominative or accusative? Write the correct ending of **ein**.

Beispiel: 1 Ich habe einen Taschenrechner.

1 Ich habe ... Taschenrechner.
2 Das ist ... Etui.
3 Hier ist ... Klebstift.
4 Ich habe ... Ratte.
5 Das ist ... Bleistift.
6 Es gibt ... Park.

10 Fill in the word for *a* and *the* each time.

Beispiel: 1 Der Mann trägt einen Pullover.

1 Der Mann trägt ... Pullover. (*a*)
2 ... Schule ist sehr groß. (*the*)
3 Ich habe ... Kaninchen. (*a*)
4 Wo ist ... Toilette? (*the*)
5 Ich finde ... Park sehr schön. (*the*)
6 Haben Sie ... Kugelschreiber? (*a*)

c The dative case

	m	*f*	*n*
the *a*	**dem** **einem**	**der** **einer**	**dem** **einem**

The dative case has many uses. In this book, you see how it is used after certain prepositions such as **auf** *(on)* or **in** *(in)*. See 5, p. 120.

Die Katze ist auf dem Bett.
The cat is on the bed.
Ich wohne in einer Wohnung.
I live in a flat.

1.5 Possessive adjectives

The possessive adjectives are the words for *my*, *your*, etc. They follow the same pattern as **ein**, **eine**, **ein**.

	m	*f*	*n*	*pl*
Nom.				
a	**ein**	**eine**	**ein**	–
my	**mein**	**meine**	**mein**	**meine**
your	**dein**	**deine**	**dein**	**deine**
his/its	**sein**	**seine**	**sein**	**seine**
her/its	**ihr**	**ihre**	**ihr**	**ihre**
Acc.				
a	**einen**	**eine**	**ein**	–
my	**meinen**	**meine**	**mein**	**meine**
your	**deinen**	**deine**	**dein**	**deine**
his/its	**seinen**	**seine**	**sein**	**seine**
her/its	**ihren**	**ihre**	**ihr**	**ihre**

Meine Katze ist schwarz. (*f Nom.*)
My cat is black.
Ich mag deinen Hund. (*m Acc.*)
I like your dog.

11 Choose the correct word.

Beispiel: 1 Mein Bruder heißt Alfred.

1 Mein/Meine Bruder (*m*) heißt Alfred.
2 Wie alt ist deine/dein Schwester (*f*)?
3 Wie sieht dein/deine Vater (*m*) aus?

4 Mein/Meine Lieblingsfach (*n*) ist Englisch.
5 Meine/Mein Cousinen (*pl*) wohnen in Schottland.

1.6 The negative article: **kein, keine, kein**

The negative article is used to talk about something you haven't got. It simply means *no, not a* and follows the same pattern as **ein, eine, ein**.

	m	*f*	*n*	*pl*
Nom.	**kein**	**keine**	**kein**	**keine**
Acc.	**keinen**	**keine**	**kein**	**keine**

Ich habe keinen Kuli. *I haven't got a biro.*

12 Make these sentences negative. You need to use the accusative in each sentence.
Beispiel: 1 Ich habe keine Katze.

1 Ich habe eine Katze.
2 Ich trage ein Hemd.
3 Ich habe einen Tisch.
4 Ich esse eine Banane.
5 Ich habe einen Hund.

13 What hasn't Felix got? (**Kein** is always in the accusative here.)
Beispiel: a Felix hat keinen Hund.

2 Personal pronouns

Personal pronouns are the words for *I, you, they*, etc. In German, they are:

I	**ich**
you	**du** (one friend or one person you know well)
he/it	**er** (male person or masculine noun)
she/it	**sie** (female person or feminine noun)
it	**es** (neuter noun)
we	**wir**
you	**ihr** (more than one friend or person you know well)
they	**sie**
you	**Sie** (one or more persons you don't know well)

2.1 *It*

In German, there are three ways of saying *it*.

	m	*f*	*n*
Nom.	**er**	**sie**	**es**

Er is for masculine nouns:
Der Pullover ist rot. → **Er ist rot.**
The pullover is red. → *It is red.*

Sie is for feminine nouns:
Die Diskette ist gelb. → **Sie ist gelb.**
The disk is yellow. → *It is yellow.*

Es is for neuter nouns:
Das Hemd ist blau. → **Es ist blau.**
The shirt is blue. → *It is blue.*

14 Shorten the sentences by using **er/sie/es**.
Beispiel: 1 Es ist gut.

1 Das Wörterbuch ist gut.
2 Die Kassette ist weiß und schwarz.
3 Hier ist der Tisch.
4 Wo ist das Wörterbuch?
5 Meine Jeans ist blau.
6 Das Rathaus ist sehr alt.

2.2 *You*

There are three words for *you* in German: **du**, **ihr** and **Sie**.

- **du** (singular)
  when talking to *one* person who you know well:
  Was machst du, Stefan?
  What are you doing, Stefan?
- **ihr** (plural form of **du**)
  when talking to *more than one* person who you know well:
  Was macht ihr, Stefan und Jürgen?
  What are you doing, Stefan and Jürgen?
- **Sie** (both singular and plural)
  when talking to *one OR more than one* person older than you and who you don't know well – it is the polite form:
  Was machen Sie, Herr Klein?
  What are you doing, Mr Klein?
  Was machen Sie, Herr und Frau Klein?
  What are you doing, Mr and Mrs Klein?

15 How would you ask these people for a pen?
Beispiel: a Haben Sie einen Kuli?

a Herr Kurz,
mein Deutschlehrer

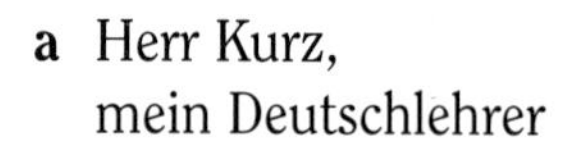

b Steffi

c mein Vater

d Frau Kurz,
die Briefträgerin

e Thomas, mein Freund

f Herr Stein, der Polizist,
und Frau Stein,
die Polizistin

2.3 Man

Man means *one/you/people*. The form of the verb following **man** follows the **er/sie/es** pattern.
Hier kann <u>man</u> Tennis spielen.
One/You can play tennis here.
<u>Man</u> sieht gern fern.
People like watching TV.

16 What do people do to celebrate their birthday? Write sentences.
Beispiel: 1 Man isst Hamburger.

1 Hamburger essen
2 Cola trinken
3 Geschenke bekommen
4 Fußball spielen
5 ins Kino gehen
6 eine Party machen

3 Verbs in the present tense

3.1 Regular verbs

Verbs are 'doing' words, such as *to run*, *to walk*, *to talk*, *to go* and *to play*.

When you look up a verb in the wordlist on pp. 122–128 or in a dictionary, you will find its infinitive form, which ends in **-en**: **finden** (*to find*), **trinken** (*to drink*), **wohnen** (*to live*).

You need to change the ending according to the pronoun you are using. All regular verbs follow the same pattern:

spiel<u>en</u>	*to play*	endings
singular (only one person):		
ich spiel<u>e</u>	*I play*	**-e**
du spiel<u>st</u>	*you play*	**-st**
er/sie/es spiel<u>t</u>	*he/she/it plays*	**-t**
plural (more than one person):		
wir spiel<u>en</u>	*we play*	**-en**
ihr spiel<u>t</u>	*you play*	**-t**
sie spiel<u>en</u>	*they play*	**-en**
polite:		
Sie spiel<u>en</u>	*you play*	**-en**

17 Write the correct part of the verb.
Beispiel: 1 Ich spiele Tennis.

1 Ich ... Tennis. (spielen)
2 Du ... in Berlin. (wohnen)
3 Er ... Hockey. (spielen)
4 Sie ... gern CDs. (hören)
5 Er ... sehr oft. (faulenzen)
6 ... Sie oft Freunde? (besuchen)

3.2 Irregular verbs

Not all verbs follow the regular pattern – some are irregular in the **du** and **er/sie/es** forms and need to be learnt separately. Here are some examples:

essen *to eat*	**sehen** *to see*
ich esse	ich sehe
du isst	du siehst
er/sie/es isst	er/sie/es sieht
wir essen	wir sehen
ihr esst	ihr seht
sie/Sie essen	sie/Sie sehen
fahren *to go / to drive*	**lesen** *to read*
ich fahre	ich lese
du fährst	du liest
er/sie/es fährt	er/sie/es liest
wir fahren	wir lesen
ihr fahrt	ihr lest
sie/Sie fahren	sie/Sie lesen

18 Write the correct part of the verb.
Beispiel: 1 Ich lese Bücher.

1 Ich ... Bücher. (lesen)
2 Wie ... er aus? (sehen)
3 Du ... viel Schokolade. (essen)
4 Ich ... nach Wales. (fahren)
5 ... Sie gern Comics? (lesen)
6 Er ... nach Deutschland. (fahren)

3.3 Sein and haben

Sein (*to be*) and **haben** (*to have*) are both irregular and need to be learnt by heart.

sein	*to be*	**haben**	*to have*
ich bin	*I am*	ich habe	*I have*
du bist	*you are*	du hast	*you have*
er/sie/es ist	*he/she/it is*	er/sie/es hat	*he/she/it has*
wir sind	*we are*	wir haben	*we have*
ihr seid	*you are*	ihr habt	*you have*
sie sind	*they are*	sie haben	*they have*
Sie sind	*you are*	Sie haben	*you have*

19 Write the correct part of **haben**.
Beispiel: 1 Er hat eine Schwester.

1 Er ... eine Schwester.
2 Ich ... tolle Sportschuhe.
3 ... du Geschwister?
4 Wir ... kein Wörterbuch.
5 ... Sie eine Diskette, bitte?
6 Klaus und Michaela ... drei Pferde.

20 Write the correct part of **sein**.
Beispiel: 1 Er ist 10 Jahre alt.

1 Er ... 10 Jahre alt.
2 Ihr ... sehr intelligent.
3 Klaus und Michaela ... super.
4 Ich ... ziemlich groß.
5 ... Sie klein?
6 Wir ... lustig.

21 Write the correct part of **haben** or **sein**.
Beispiel: 1 Ich bin 14 Jahre alt.

1 Ich ... 14 Jahre alt.
2 Ihr ... keine Geschwister.
3 Meine Schwester ... lange, blonde Haare.
4 Mein Bruder ... ziemlich groß.
5 ... du Haustiere?
6 Wie alt ... du?

3.4 Separable verbs

Separable verbs have two parts: the main verb and an extra word at the front, called the prefix.
abwaschen = **ab** (prefix) + **waschen** (main verb)
fernsehen = **fern** (prefix) + **sehen** (main verb)

When a separable verb is used in the present tense, the prefix goes to the end of the sentence, as in English *I wash up*.
fernsehen (*to watch TV*)
→ **Ich sehe fern.**
abwaschen (*to wash up*)
→ **Am Montag wasche ich ab.**

22 Put the two parts of the separable verbs in the right place.
Beispiel: 1 Ich wasche oft ab.

1 Ich ... oft ... (abwaschen)
2 Ich ... manchmal ... (fernsehen)
3 Ich ... nie ... (abtrocknen)
4 Am Montag ... ich ... (fernsehen)
5 Ich ... mein Zimmer ... (aufräumen)
6 Wie oft ... du ...? (abwaschen)

23 What are these people doing? What would they say?
Beispiel: a Ich raüme auf.

3.5 Modal verbs

Können (*to be able to*), **müssen** (*to have to*) and **mögen** (*to like*) are all modal verbs. They work with another verb in its infinitive form.
Ich kann Deutsch sprechen.
I can speak German.
Ich muss meine Hausaufgaben machen.
I must do my homework.

Modal verbs send the infinitives to the end of a sentence.
Man kann ins Kino gehen.
You can go to the cinema.

Möchtest du Tennis spielen?
Would you like to play tennis?

Modal verbs are irregular verbs and their patterns are shown here:

können	**müssen**	**mögen**
to be able to	*to have to*	*to like*
ich kann	ich muss	ich mag
du kannst	du musst	du magst
er/sie/es kann	er/sie/es muss	er/sie/es mag
wir können	wir müssen	wir mögen
ihr könnt	ihr müsst	ihr mögt
sie/Sie können	sie/Sie müssen	sie/Sie mögen

Ich möchte (*I would like*) is also used often in German:

ich möchte	wir möchten
du möchtest	ihr möchtet
er/sie/es möchte	sie/Sie möchten

24 Put the sentences in the correct order.
Beispiel: 1 Man kann Fußball spielen.

1 spielen kann Fußball Man
2 muss tragen Man eine Uniform
3 lesen das Buch muss Ich
4 die Hausaufgaben Man machen muss
5 Kaffee kann Man trinken
6 Computerspiele du Möchtest machen?

25 Fill in the gaps with a modal verb.
Beispiel: 1 Ich kann Deutsch sprechen.

1 Ich bin intelligent. Ich ... Deutsch sprechen.
2 Ich bin zu dick. Ich ... weniger Schokolade essen.
3 Sport ist super. Ich ... es sehr.
4 Ich finde Filme gut. Ich ... ins Kino gehen.
5 Sie findet Englisch schwierig. Sie ... mehr üben.
6 Wir gehen in die Stadt. ... du uns im Café treffen?

3.6 Es gibt

If you want to say *there is/are*, you use **es gibt** with the accusative case (see 1.4b, p. 113).
Es gibt einen Park. *There is a park.*
Es gibt keine Geschäfte.
There are no shops.

26 What is there in this town?
Beispiel: a Es gibt einen Park.

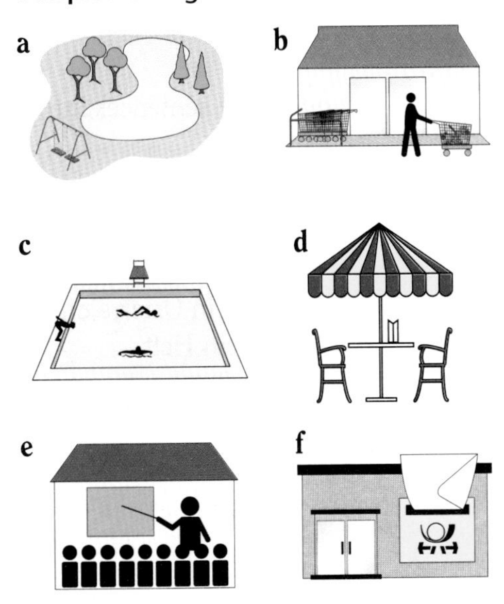

3.7 Gern

To say that you enjoy doing something, you use **gern**. In a sentence, **gern** comes straight after the verb. In negative sentences, **nicht** comes before **gern**.
Ich gehe gern ins Kino.
I like going to the cinema.
Ich gehe nicht gern ins Kino.
I don't like going to the cinema.

27 Write sentences.
Beispiel: 1 Ich spiele gern Tennis.

1 ☺ Tennis spielen
2 ☹ Äpfel essen
3 ☺ ins Café gehen
4 ☹ Musik hören
5 ☺ Jeans tragen
6 ☺ Bücher lesen

3.8 Nicht

Nicht means *not*. **Nicht** *always* comes directly after the object of the sentence.
Er mag Sport nicht. *He doesn't like sport.*
Ich finde das nicht toll.
I don't find this great.

When there is no object, **nicht** comes straight after the verb.
Ich bin nicht groß. *I am not big.*

In inverted sentences (where the verb comes *before* the subject), **nicht** always comes straight after the subject.
Sport mag er nicht. *He doesn't like sport.*
Das finde ich nicht gut. *I don't like that.*

28 Write the opposite using **nicht** each time.
Beispiel: 1 Ich bin nicht schlank.

1 Ich bin schlank.
2 Er findet Grammatik gut.
3 Ich mag Tennis.
4 Ich besuche Deutschland.
5 Sie geht ins Kino.

4 Word order

4.1 Basic word order

The basic sentence word order is:

pronoun/ noun	*verb*	*object / rest of sentence*
Ich	**habe**	**einen Bruder.**
Caroline	**isst**	**Hamburger mit Pommes.**

29 Order these sentences.
Beispiel: 1 Ich esse ein Butterbrot.

1 esse Ich ein Butterbrot
2 wohnt in Deutschland Er
3 findet Mathe Sie schwierig
4 trinken Cola Wir
5 trägst einen Du Pullover
6 finde anstrengend Ich Leichtathletik

4.2 Inversion

Sometimes you can change the word order. This is called inversion. The verb always stays in second position and the subject comes directly after it.

object/place/ time	*verb*	*pronoun/ noun*	*rest of sentence*
Sport	**finde**	**ich**	**toll.**
Am Montag	**isst**	**er**	**immer ein Butterbrot.**
Hier	**spielt**	**man**	**Tennis.**

30 Write these sentences with a different word order.

Beispiel: 1 Deutsch finde ich interessant.

1 Ich finde Deutsch interessant.
2 Ich finde Informatik schwierig.
3 Sie kocht am Montag.
4 Ich spiele Fußball gern.
5 Er findet Leichtathletik anstrengend.
6 Mein Bruder findet Comics lustig.

4.3 Asking questions

a Question words

Many questions start with a question word. Here are German question words starting with **W**:

wo?	*where?*
wann?	*when?*
wie?	*how?*
wie viele?	*how many?*
was?	*what?*
wer?	*who?*
warum?	*why?*

31 a Fill in the correct question word.

Beispiel: 1 Wo wohnst du?

1 ... wohnst du?
2 ... heißt du?
3 ... alt bist du?
4 ... machst du?
5 ... beginnt Mathe?
6 ... findest du Deutsch?

b Translate the questions from 31a.

Beispiel: 1 Wo wohnst du? = Where do you live?

b Questions beginning with verbs

If you're not using a **W** question word, you can ask a question by putting the verb first and then the subject.

Findest du Mathe interessant?
Do you find maths interesting?
Trinkt Jürgen Kaffee?
Does Jürgen drink coffee?

32 Change these sentences into questions to ask a friend.

Beispiel: 1 Findest du Informatik langweilig?

1 Ich finde Informatik langweilig.
2 Ich wohne in Österreich.
3 Ich habe ein Heft.
4 Ich spiele Trompete.
5 Ich trinke Tee mit Milch.
6 Ich habe einen Bruder.

5 Prepositions with the dative

The following prepositions are followed by the dative when they indicate where a person or a thing is:

an *at*	**in** *in*	**neben** *next to*
auf *on*	**unter** *under*	**zwischen** *between*

Dative:

	m	*f*	*n*
the	**dem**	**der**	**dem**
a	**einem**	**einer**	**einem**

Das Buch ist unter dem Tisch. (*m*)
The book is under the table.
Ich wohne an der Küste. (*f*)
I live on the coast.
Das Buch ist auf einem Bücherregal. (*n*)
The book is on a bookshelf.

an dem = **am**	in dem = **im**

33 Fill in the gaps with the correct form of **der**, **die**, **das** in the dative case.

Beispiel: 1 Die Kassette ist neben dem Buch.

1 Die Kassette ist neben ... Buch. (*n*)
2 Die Diskette ist auf ... Computer. (*m*)
3 Der Taschenrechner ist in ... Tasche. (*f*)
4 Der Kuli ist zwischen ... Buch (*n*) und ... Kassette. (*f*)
5 Der Bleistift ist neben ... Etui. (*n*)
6 Das Wörterbuch ist unter ... Stuhl. (*m*)

6 Adjectives

Adjectives describe nouns. When an adjective comes *after* the noun, it always stays the same. When an adjective comes *before* the noun, it adds an ending. You will learn more about that in Book 2.

Adjective after noun	*Adjective before noun*
Das Wörterbuch ist gut. **Der Pullover ist blau.**	**das gute Wörterbuch** **der blaue Pullover**

34 Which word is the adjective?

Beispiel: 1 alt

1 das alte Rathaus
2 ein lustiger Mann
3 blonde Haare
4 die blauen Augen
5 mein schwarzes T-Shirt
6 lange Haare

7 Numbers (1–100)

1 eins
2 zwei
3 drei
4 vier
5 fünf
6 sechs
7 sieben
8 acht
9 neun
10 zehn

11 elf
12 zwölf
13 dreizehn
14 vierzehn
15 fünfzehn
16 sechzehn
17 siebzehn
18 achtzehn
19 neunzehn
20 zwanzig

21 einundzwanzig
22 zweiundzwanzig
23 dreiundzwanzig
24 vierundzwanzig
25 fünfundzwanzig
26 sechsundzwanzig
27 siebenundzwanzig
28 achtundzwanzig
29 neunundzwanzig

30 dreißig
40 vierzig
50 fünfzig
60 sechzig
70 siebzig
80 achtzig
90 neunzig
100 hundert

8 Dates

Days of the week

Am ... *On ...*

Montag
Dienstag
Mittwoch
Donnerstag
Freitag
Samstag
Sonntag

Months of the year

Im ... *In ...*

Januar
Februar
März
April
Mai
Juni
Juli
August
September
Oktober
November
Dezember

Dates

Am ... *On ...*

ersten
zweiten
dritten
vierten
fünften
sechsten
siebten
achten
neunten
zehnten

elften
zwölften
dreizehnten
vierzehnten
zwanzigsten
einundzwanzigsten
zweiundzwanzigsten
dreißigsten
einunddreißigsten

9 Time

Times of the day

Um ... *At ...*

08.00
acht Uhr

zehn Uhr fünf

04.15
vier Uhr fünfzehn

ein Uhr dreißig

Wortschatz

Deutsch-Englisch

A

	Abend (heute)	*this evening*
	abtrocknen	*to dry up*
	abwaschen	*to wash up*
die	Adresse(-n)	*address*
	allein	*alone*
	alles	*everything*
das	Alphabet	*alphabet*
	als	*as*
	alt	*old*
das	Alter	*age*
	altmodisch	*old-fashioned*
	an	*on, to*
	andere	*other*
	Angeln	*fishing*
	anstrengend	*tiring*
der	Apfel(¨)	*apple*
der	Apfelkuchen(-)	*apple cake*
der	Apfelsaft	*apple juice*
der	Apfelstrudel	*apple pastry*
	April	*April*
	arbeiten	*to work*
die	Arbeitsecke	*work corner*
	auch	*also, too*
	auf	*on*
	aufräumen	*to tidy up*
das	Auge(-n)	*eye*
	August	*August*
	aus	*out*
	ausgehen	*to go out*
	auspacken	*to unpack*
	ausreichend	*satisfactory*
	aussehen	*to look*
	Australien	*Australia*
das	Auto(-s)	*car*

B

das	Badezimmer(-)	*bathroom*
der	Bahnhof	*station*
	bald	*soon*
die	Banane(-n)	*banana*
	Basketball	*basketball*
	beantworten	*to answer*
	befriedigend	*adequate*
	beginnen	*to begin*
	bei	*at (the home of)*
	Belgien	*Belgium*
	berühmt	*famous*
die	Beschreibung	*description*
der	Besitzer(-)	*owner*
	besonders gern	*particulary like*
	besser	*better*
	beste	*best*
	besuchen	*to visit*
	betrifft	*is about*
das	Bett(-en)	*bed*
die	Bibliothek(-en)	*library*
das	Bier	*beer*
	bin (*from* sein)	*am*
	bis	*until*
	bist (*from* sein)	*are*
	bitte	*please*
	bitte sehr?	*yes, please?*
	blau	*blue*
der	Bleistift(-e)	*pencil*
	blond	*blonde*
	braun	*brown*
der	Brief(-e)	*letter*
der	Brieffreund(-e)	*penfriend (boy)*
die	Brieffreundin(-nen)	*penfriend (girl)*
das	Brot	*bread*
der	Bruder(¨)	*brother*
das	Buch(¨er)	*book*
das	Bücherregal(-e)	*bookshelf*
	bunt	*colourful*
die	Butter	*butter*
das	Butterbrot	*sandwich*

C

das	Café(-s)	*café*
die	CD(-s)	*CD*
	chaotisch	*chaotic*
der	Charakter	*character*
	Chips (*pl*)	*crisps*
die	Cola(-s)	*cola*
der	Comic(-s)	*comic*
der	Computer(-)	*computer*
das	Computerspiel(-e)	*computer game*
der	Cousin(-e)	*cousin (boy)*
die	Cousine(-n)	*cousin (girl)*
die	Currywurst(¨e)	*curried sausage*

D

	danke	*thanks*
	danke schön	*thanks a lot*
	dann	*then*
	das	*the (neuter)*
das	Datum	*date*
	dazu	*with that*
	dein	*your*
	der	*the (masculine)*
	Deutsch	*German*
	Deutschland	*Germany*
	Dezember	*December*
	dich	*you/your*
	dick	*fat*
	die	*the (feminine)*
	Dienstag	*Tuesday*
	dir	*(to) you*
die	Disko(-s)	*disco*
die	Diskette(-n)	*disc*
	Donnerstag	*Thursday*
das	Dorf(¨er)	*village*
	dort	*there*
	dritte	*third*
du	you	
	Durst haben	*to be thirsty*

E

die	E-Mail(-s)	*e-mail*
	ein	*a*
	einkaufen gehen	*to go shopping*
	einmal	*once*
das	Eis	*ice cream*
der	Elefant(-en)	*elephant*
	enden	*to end*
	endlich	*at last, finally*
	England	*England*
	Englisch	*English*
	Entschuldigung	*excuse me*
	er	*he, it (masculine)*
das	Erdbeereis	*strawberry ice cream*
	Erdkunde	*geography*
	erste	*first*
	es	*it (neuter)*
	essen	*to eat*
das	Esszimmer(-)	*dining room*
das	Etui(-s)	*pencil case*
	etwas	*something*
der	Euro	*euro*

F

das	Fach(¨er)	*subject*
	fahren	*to go, drive*
die	Familie(-n)	*family*
die	Farbe(-n)	*colour*
der	Fasching	*carneval time*
	faul	*lazy*
	faulenzen	*to laze about*
	Februar	*February*
	fein	*fine*
die	Ferien (*pl*)	*holidays*

fernsehen — *to watch television*
der Fernseher(-) — *television*
der Fernsehturm(¨e) — *television tower*
der Film(-e) — *film*
finden — *to find*
der Fischmarkt(¨e) — *fish market*
fit — *fit*
das Foto(-s) — *photo*
die Frage(-n) — *question*
fragen — *to ask*
Fragen stellen — *to ask questions*
Frankreich — *France*
Französisch — *French*
Frau — *Mrs*
Freitag — *Friday*
die Freizeit — *free time*
der Freund(-e) — *friend (boy)*
die Freundin(-nen) — *friend (girl)*
freundlich — *friendly*
für — *for*
der Fußball — *football*
das Fußballhemd(-en) — *football shirt*
die Fußballmannschaft(-en) — *football team*
die Fußballstunde(-n) — *football lesson*

G

ganz — *whole, complete*
der Garten(¨) — *garden*
geben — *to give*
der Geburtstag(-e) — *birthday*
die Gegend — *area*
gehen — *to go*
gelb — *yellow*
gern — *like*
das Geschäft(-e) — *shop*
das Geschenk(-e) — *present*
Geschichte — *history*
die Geschwister (*pl*) — *brothers and sisters*
die Gespensterheuschrecke — *stick insect*
gewinnen — *to win*
gibt (es gibt) — *there is/are*
glatt — *straight*
gleich — *immediately*
der Goldfisch(-e) — *goldfish*
groß — *big*
die Großmutter(¨) — *grandmother*
der Großvater(¨) — *grandfather*
grün — *green*
die Grüße (*pl*) — *greetings*
gut — *good*

H

die Haare (*pl*) — *hair*
haben — *to have*
der Hafen(¨) — *harbour*
hallo — *hello*
der Hamster(-) — *hamster*
hast (*from* haben) — *has*
hat (*from* haben) — *has*
das Haus(¨er) — *house*
die Hausaufgaben (*pl*) — *homework*
das Haustier(-e) — *pet*
das Heft(e-) — *exercise book*
heiß — *hot*
heißen — *to be called*
hektisch — *hectic*
helfen — *to help*
das Hemd(-en) — *shirt*
Herr — *Mr*
herzlich willkommen! — *welcome!*
herzlichen Glückwunsch! — *congratulations!*
heute — *today*
hier — *here*
Hilfe! — *help!*
historisch — *historic*
das Hobby(-s) — *hobby*
Hockey — *hockey*
Holland — *Holland*
hören — *to hear*
die Hose(-n) — *pair of trousers*
der Hund(-e) — *dog*
die Hundeschau — *dog show*
Hunger haben — *to be hungry*

I

ich — *I*
das Idee(-n) — *idea*
das Iglu(-s) — *igloo*
ihr — *her, you*
die Imbissstube(-n) — *snack bar*
immer — *always*
in — *in*
Informatik — *IT*
die Inspektion — *inspection*
das Instrument(-e) — *instrument*
intelligent — *intelligent*
interessant — *interesting*
Irland — *Ireland*
ist (*from* sein) — *is*

J

ja — *yes*
die Jacke(-n) — *jacket*
das Jahr(-e) — *year*
Januar — *January*
die Jeans(-) — *pair of jeans*
jede — *each, every*
jeder — *everybody*
jetzt — *now*
das Jugendclub(-s) — *youth club*
der Jugendliche — *young person*
Juli — *July*
jung — *young*
der Junge(-n) — *boy*
Juni — *June*

K

der Kaffee — *coffee*
das Kaninchen(-) — *rabbit*
kann (*from* können) — *can*
die Kassette(-n) — *cassette*
die Katze(-n) — *cat*
kein(e) — *not a*
der Keks(-e) — *biscuit*
der Keller(-) — *cellar*
die Kellnerin(-nen) — *waitress*
das Ketchup — *ketchup*
das Kino(-s) — *cinema*
die Kirche(-n) — *church*
die Klasse(-n) — *class*
klassisch — *classical*
der Klavier(-e) — *piano*
der Klebstift(-e) — *glue stick*
das Kleidungsstück(-e) — *piece of clothing*
klein — *small*
klingeln — *to ring*
klopft: es klopft — *someone knocks*
das Kochbuch(¨er) — *cookbook*
kochen — *to cook*
Köln — *Cologne*
kommen — *to come*
die Kommode(-n) — *chest of drawers*
die Konfirmation — *confirmation*
können — *to be able to*
die Konversation(-en) — *conversation*
das Konzert(-e) — *concert*
die Krawatte(-n) — *tie*
kreativ — *creative*
die Küche(-n) — *kitchen*
der Kuchen(-) — *cake*
der Kuli(-s) — *biro*
Kunst — *art*
kurz — *short*
die Kurzgeschichte(-n) — *short story*
die Küste — *coast*

L

das Land(¨er) — *country*
auf dem Land — *in the country*
lang — *long*
langweilig — *boring*
laut — *loud*
der Lehrer(-) — *teacher (man)*
die Lehrerin(-nen) — *teacher (woman)*

	Leichtathletik	*athletics*
	leider	*unfortunately*
	lernen	*to learn*
	lesen	*to read*
	Liebe(r)	*Dear (on a letter)*
	lieben	*to love*
	Lieblings-	*favourite*
das	Lieblingsfach(¨er)	*favourite subject*
	liegen	*to lie*
das	Lineal(-e)	*ruler*
die	Liste(-n)	*list*
	lockig	*curly*
	los geht's!	*off we go!*
der	Löwe(-n)	*lion*
	lustig	*funny*

M

	machen	*to do, make*
das	Mädchen(-)	*girl*
	mag (*from* mögen)	*like*
	Mai	*May*
	man	*one/you*
	manchmal	*sometimes*
	mangelhaft	*poor*
der	Mann(¨er)	*man*
der	Markt(¨e)	*market*
die	Marmelade	*jam*
	März	*March*
	Mathe	*maths*
die	Maus(¨e)	*mouse*
die	Mayonnaise	*mayonnaise*
das	Meerschweinchen(-)	*guinea pig*
	mehr	*more*
	mein	*my*
	mich	*myself/me*
die	Milch	*milk*
das	Mineralwasser	*mineral water*
	mit	*with*
	mitkommen	*to come along*
	mitnehmen	*to take along*
die	Mittagspause(-n)	*lunch break*
die	Mitte	*middle*
	mittelgroß	*average height*
	Mittwoch	*Wednesday*
	möchte (*from* mögen)	*would like*
	modern	*modern*
	Moment mal!	*just a minute!*
der	Monat(-e)	*month*
	Montag	*Monday*
das	Museum (Museen)	*museum*
	Musik	*music*
	musikalisch	*musical*
	müssen	*to have to, must*
die	Mutter(¨)	*mother*
	Mutti	*Mum*

N

	nach	*after*
	nach Hause	*to home*
die	Nachrichten (*pl*)	*news*
der	Name(-n)	*name*
	natürlich	*of course*
	Naturwissenschaften	*science*
	neben	*next to*
	nein	*no*
	nervös	*nervous*
	neu	*new*
	nicht	*not*
	nicht wahr?	*isn't it?*
	nichts	*nothing*
	nie	*never*
	noch	*still*
	nochmal	*again*
das	Nomen(-)	*noun*
	Norddeutschland	*North Germany*
	normalerweise	*normally*
	November	*November*
die	Nummer(-n)	*number*
	nur	*only*
der	Nuss(¨e)	*nut*

O

	oben	*above*
	oder	*or*
	oft	*often*
	Oktober	*October*
der	Onkel(-)	*uncle*
die	Orange(-n)	*orange*
der	Orangensaft	*orange juice*
	ordentlich	*tidy*
das	Ostern	*Easter*
	Österreich	*Austria*

P

der	Park(-s)	*park*
die	Partnerschule(-n)	*exchange school*
die	Party(-s)	*party*
	pass auf!	*watch out!*
die	Pause(-n)	*break*
das	Pausenbrot	*break-time snack*
das	Pferd(-e)	*horse*
das	Picknick(-s)	*picnic*
das	Pistazieneis	*pistachio ice cream*
	plaudern	*to chat*
die	Pommes (*pl*)	*chips*
die	Post	*post office*
die	Postkarte(-n)	*postcard*
	praktisch	*practical*
der	Preis(-e)	*prize*
	pro	*per*
das	Problem(-e)	*problem*
die	Problemseite(-n)	*problem page*
der	Pudel	*poodle*
der	Pullover(-)	*pullover*

Q

der	Quizmaster(-)	*quiz master*

R

	Radfahren	*cycling*
die	Radtour(-en)	*bike ride*
das	Rathaus(¨er)	*town hall*
die	Ratte(-n)	*rat*
	reiten	*to ride*
	Religion	*religion*
	richtiger	*proper*
der	Rock(¨e)	*skirt*
die	Rockgruppe(-n)	*rock group*
	Rollschuhlaufen	*rollerskating*
	rot	*red*
	Rugby	*rugby*

S

	sagen	*to say*
die	Sahne	*cream*
der	Salat(-e)	*lettuce*
	Samstag	*Saturday*
das	Schaschlik(-s)	*kebab*
die	Scheibe(-n)	*slice*
die	Schere(-n)	*pair of scissors*
	schlafen	*to sleep*
das	Schlafzimmer(-)	*bedroom*
die	Schlange(-n)	*snake*
	schlank	*slim, thin*
die	Schokolade(-n)	*chocolate*
das	Schokoladeneis	*chocolate ice cream*
der	Schokoladenkuchen(-)	*chocolate cake*
	schön	*lovely*
	Schottland	*Scotland*
der	Schrank(¨e)	*cupboard*
	schreiben	*to write*
	schüchtern	*shy*
der	Schuh(-e)	*shoe*
das	Schulbuch(¨er)	*school book*
die	Schule(-n)	*school*
die	Schuluniform	*school uniform*
	schwarz	*black*
das	Schwarzwald	*Black Forest*
die	Schweiz	*Switzerland*
die	Schwester(-n)	*sister*
	schwierig	*difficult*
das	Schwimmbad(¨er)	*swimming pool*
	schwimmen	*to swim*
der	See(-n)	*lake*
	sehen	*to see*

sehr	*very*
sein	*to be*
selten	*seldom, rarely*
der Senf	*mustard*
September	*September*
die Shorts(-)	*pair of shorts*
sie	*she, they, it (feminine)*
Sie	*you (formal)*
der Silvester	*New Year's Eve*
sind (*from* sein)	*are*
Sonntag	*Sunday*
spät	*late*
später	*later*
spielen	*to play*
der Spielfilm(-e)	*feature film*
der Spieltag(-e)	*match day*
spitze	*great*
Sport	*sport*
sportlich	*sporty*
die Sportschau	*sports programme*
der Sportschuh(-e)	*training shoe*
das Sportzentrum	*sports centre*
sprechen	*to talk*
die Stadt(¨e)	*town*
die Stadtmitte	*town centre*
stehen	*to stand*
die Stereoanlage(-n)	*hi-fi*
stinklangweilig	*deadly dull*
die Straße(-n)	*street*
das Stück(-e)	*piece*
die Studentin(-nen)	*student (girl)*
der Stuhl(¨e)	*chair*
die Stunde(-n)	*lesson*
der Stundenplan	*timetable*
Süddeutschland	*South Germany*
super	*super*
der Supermarkt(¨e)	*supermarket*
das Sweatshirt(-s)	*sweatshirt*

T

das T-Shirt(-s)	*T-shirt*
der Tag(-e)	*day*
guten Tag	*good morning*
täglich	*daily*
die Tante(-n)	*aunt*
tanzen	*to dance*
die Tanzschule(-n)	*dance school*
die Tasche(-n)	*bag*
das Taschengeld	*pocket money*
der Taschenrechner(-)	*calculator*
der Tee	*tea*
das Telefon(-e)	*telephone*
die Telefonnummer(-n)	*telephone number*
Tennis	*tennis*
der Tennisplatz(¨e)	*tennis court*
Theater	*drama*
das Tier(-e)	*animal*
der Tisch(-e)	*table*
die Toilette(-n)	*toilet*
toll	*great*
die Tomate(-n)	*tomato*
tragen	*to wear*
treffen	*to meet*
der Treffpunkt	*meeting place*
trinken	*to drink*
die Trompete(-n)	*trumpet*
tschüs	*bye*
die Türkei	*Turkey*

U

üben	*to practise*
das UFO(-s)	*UFO*
die Uhr(-en)	*clock*
zwei Uhr	*two o'clock*
um	*at*
die Umfrage(-n)	*questionnaire*
und	*and*
ungenügend	*unsatisfactory*
unten	*under, below*
unter	*underneath*

V

das Vanilleeis	*vanilla ice cream*
der Vater(¨)	*father*
Vati	*Dad*
verstehen	*to understand*
das Videospiel(-e)	*video game*
viel	*a lot*
viele	*many*
vielen Dank	*thanks a lot*
der Vogel(¨)	*bird*
die Vokabeln (*pl*)	*vocabulary*
der Volkswagen(-)	*Volkswagen*
von	*from*

W

wahrscheinlich	*probably*
Wales	*Wales*
wann?	*when?*
war (*from* sein)	*was*
was?	*what?*
was noch?	*what else?*
waschen	*to wash*
das Wasser	*water*
das Weihnachten	*Christmas*
weiß	*white*
weiter (ich lese)	*I carry on reading*
welche(r, s)?	*which?*
wer?	*who?*
das Wetter	*weather*
wichtig	*important*
wie?	*how?*
wie bitte?	*pardon?*
wie viele?	*how many?*
wieder	*again*
die Wiederholung	*revision*
auf Wiedersehen	*goodbye*
Wien	*Vienna*
windsurfen	*to windsurf*
wir	*we*
wirklich	*really*
wo?	*where?*
die Woche(-n)	*week*
wohnen	*to live*
der Wohnort(-e)	*place of residence*
die Wohnung(-en)	*flat*
das Wohnzimmer(-)	*living room*
das Wort(¨er)	*word*
das Wörterbuch(¨er)	*dictionary*
wunderbar	*wonderful*
die Wurst(¨e)	*sausage*

X

das Xylophon(-e)	*xylophone*

Y

die Yacht(-en)	*yacht*

Z

die Zahl(-en)	*number*
zahlen	*to pay*
das Zebra(-s)	*zebra*
der Zeichentrickfilm(-e)	*cartoon*
die Zeit	*time*
ziemlich	*quite*
das Zimmer(-)	*room*
die Zitrone(-n)	*lemon*
das Zitroneneis	*lemon ice cream*
zu	*to, too*
zu Hause	*at home*
zweimal	*twice*
zwischen	*between*

Englisch-Deutsch

A

a	ein
address	die Adresse(-n)
always	immer
am	bin (*from* sein)
and	und
animal	das Tier(-e)
apple	der Apfel(¨)
apple cake	der Apfelkuchen(-)
apple juice	der Apfelsaft
April	April
art	Kunst
as	als
athletics	Leichtathletik
August	August
aunt	die Tante(-n)
Austria	Österreich
average height	mittelgroß

B

bag	die Tasche(-n)
banana	die Banane(-n)
basketball	Basketball
bathroom	das Badezimmer(-)
to be	sein
to be able to	können
to be called	heißen
bed	das Bett(-en)
bedroom	das Schlafzimmer(-)
to begin	beginnen
Belgium	Belgien
between	zwischen
big	groß
bike ride	die Radtour(-en)
bird	der Vogel(¨)
biro	der Kuli(-s)
birthday	der Geburtstag(-e)
biscuit	der Keks(-e)
black	schwarz
blonde	blond
blue	blau
book	das Buch(¨er)
bookshelf	das Bücherregal(-e)
boring	langweilig
boy	der Junge(-n)
bread	das Brot
break	die Pause(-n)
brother	der Bruder(¨)
brothers and sisters	die Geschwister (*pl*)
brown	braun
budgerigar	der Wellensittich(-e)
bye	tschüs

C

café	das Café(-s)
cake	der Kuchen(-)
calculator	der Taschenrechner(-)
can	kann (*from* können)
cassette	die Kassette(-n)
cat	die Katze(-n)
CD	die CD(-s)
cellar	der Keller(-)
chair	der Stuhl(¨e)
to chat	plaudern
chest of drawers	die Kommode(-n)
chips	die Pommes (*pl*)
chocolate	die Schokolade(-n)
chocolate cake	der Schokoladenkuchen(-)
chocolate ice cream	das Schokoladeneis
church	die Kirche(-n)
cinema	das Kino(-s)
coast	die Küste
coffee	der Kaffee
cola	die Cola(-s)
colourful	bunt
to come	kommen
computer	der Computer(-)
computer game	das Computerspiel(-e)
to cook	kochen
cousin (boy)	der Cousin(-e)
cousin (girl)	die Cousine(-n)
cream	die Sahne
creative	kreativ
crisps	Chips (*pl*)
cupboard	der Schrank(¨e)
curly	lockig
curried sausage	die Currywurst(¨e)
cycling	Radfahren

D

to dance	tanzen
date	das Datum
day	der Tag(-e)
Dear (on a letter)	Liebe(r)
December	Dezember
dictionary	das Wörterbuch(¨er)
difficult	schwierig
dining room	das Esszimmer(-)
disc	die Diskette(-n)
to do, make	machen
dog	der Hund(-e)
drama	Theater
to drink	trinken
to dry up	abtrocknen

E

to eat	essen
England	England
English	Englisch
exercise book	das Heft(-e)
eye	das Auge(-n)

F

family	die Familie(-n)
fat	dick
father	der Vater(¨)
favourite	Lieblings-
February	Februar
to find	finden
fishing	Angeln
flat	die Wohnung(-en)
football	der Fußball
for	für
France	Frankreich
free time	die Freizeit
French	Französisch
Friday	Freitag
friendly	freundlich
frog	der Frosch(¨e)
from	von
funny	lustig

G

garden	der Garten(¨)
geography	Erdkunde
German	Deutsch
Germany	Deutschland
girl	das Mädchen(-)
to give	geben
glue stick	der Klebstift(-e)
to go	gehen, fahren
to go shopping	einkaufen gehen
goldfish	der Goldfisch(-e)
good morning	guten Tag
goodbye	auf Wiedersehen
grandfather	Großvater(¨)
grandmother	die Großmutter(¨)
great	spitze, toll
green	grün
guinea pig	das Meerschweinchen(-)

H

hair	die Haare (*pl*)
hamster	der Hamster(-)
to have	haben
to have to, must	müssen
he	er
to hear	hören
hedgehog	der Igel(-)
hello	hallo
to help	helfen
her	ihr
hi-fi	die Stereoanlage(-n)
history	Geschichte
hockey	Hockey

holidays	die Ferien (*pl*)
Holland	Holland
homework	die Hausaufgaben (*pl*)
horse	das Pferd(-e)
house	das Haus(¨er)
how	wie
how many	wie viele

I

I	ich
ice cream	das Eis
in	in
intelligent	intelligent
interesting	interessant
Ireland	Irland
it	es, er, sie
IT	Informatik

J

jacket	die Jacke(-n)
January	Januar
July	Juli
June	Juni

K

kebab	das Schaschlik(-s)
ketchup	das Ketchup
kitchen	die Küche(-n)

L

to laze about	faulenzen
lazy	faul
to learn	lernen
lemon	die Zitrone(-n)
lesson	die Stunde(-n)
letter	der Brief(-e)
library	die Bibliothek(-en)
lion	der Löwe(-n)
list	die Liste(-n)
to live	wohnen
living room	das Wohnzimmer(-)
long	lang
loud	laut

M

March	März
market	der Markt(¨e)
maths	Mathe
May	Mai
mayonnaise	die Mayonnaise
to meet	treffen
milk	die Milch
mineral water	das Mineralwasser
Monday	Montag
month	der Monat(-e)
mother	die Mutter(¨)
mouse	die Maus(¨e)
Mr	Herr
Mrs	Frau
music	Musik
musical	musikalisch
mustard	der Senf
my	mein

N

never	nie
next to	neben
no	nein
not	nicht
not a	kein
nothing	nichts
November	November
now	jetzt
nut	der Nuss(¨e)

O

October	Oktober
often	oft
old	alt
on	auf, an
one	ein, man (*you*)
orange	die Orange(-n)
orange juice	der Orangensaft

P

pair of jeans	die Jeans(-)
pair of scissors	die Schere(-n)
pair of trousers	die Hose(-n)
park	der Park(-s)
to pay	zahlen
pencil	der Bleistift(-e)
pencil case	das Etui(-s)
pet	das Haustier(-e)
piano	der Klavier(-e)
piece	das Stück(-e)
pistachio ice cream	das Pistazieneis
to play	spielen
please	bitte
post office	die Post
present	das Geschenk(-e)
problem	das Problem(-e)
pullover	der Pullover(-)

Q

quite	ziemlich
quizmaster	der Quizmaster(-)

R

rabbit	das Kaninchen(-)
rat	die Ratte(-n)
to read	lesen
red	rot
religion	Religion
rollerskating	Rollschuhlaufen
room	das Zimmer(-)
rugby	Rugby
ruler	das Lineal(-e)

S

sandwich	das Butterbrot
Saturday	Samstag
sausage	die Wurst(¨e)
to say	sagen
school	die Schule(-n)
science	Naturwissenschaften
Scotland	Schottland
to see	sehen
seldom	selten
September	September
she	sie
shirt	das Hemd(-en)
shoe	der Schuh(-e)
shop	das Geschäft(-e)
short	kurz
shy	schüchtern
sister	die Schwester(-n)
skirt	der Rock(¨e)
to sleep	schlafen
slim	schlank
small	klein
snack bar	die Imbissstube(-n)
snake	die Schlange(-n)
sometimes	manchmal
spider	die Spinne(-n)
sport	Sport
sports centre	das Sportzentrum
sporty	sportlich
station	der Bahnhof(¨e)
stick insect	die Gespenster-heuschrecke(-)
straight	glatt
strawberry ice cream	das Erdbeereis
street	die Straße(-n)
Sunday	Sonntag
supermarket	der Supermarkt(¨e)
sweatshirt	das Sweatshirt(-s)
to swim	schwimmen
swimming pool	das Schwimmbad(¨er)
Switzerland	die Schweiz

T

T-shirt	das T-Shirt(-s)
table	der Tisch(-e)
to talk	sprechen
tea	der Tee
telephone number	die Telefonnummer(-n)
television	der Fernseher(-)
tennis	Tennis

thanks	danke
the	der, die, das
there is/are	es gibt
Thursday	Donnerstag
to tidy up	aufräumen
tie	die Krawatte(-n)
time	die Zeit
tiring	anstrengend
toilet	die Toilette(-n)
town	die Stadt(¨-e)
town hall	das Rathaus(¨-er)
training shoe	der Sportschuh(-e)
trumpet	die Trompete(-n)
Tuesday	Dienstag

U

uncle	der Onkel(-)

V

vanilla ice cream	das Vanilleeis
very	sehr
village	das Dorf(¨-er)
to visit	besuchen
vocabulary	die Vokabeln (*pl*)

W

Wales	Wales
to wash	waschen
to wash up	abwaschen
to watch television	fernsehen
to wear	tragen
Wednesday	Mittwoch
what	was
when	wann
where	wo
which	welches
white	weiß
who	wer
to work	arbeiten
to write	schreiben

X, Y, Z

year	das Jahr(-e)
yellow	gelb
yes	ja
yes, please?	bitte sehr?
you	du, Sie, ihr
your	dein
youth club	das Jugendclub(-s)

Beantworte die Fragen.	*Answer the questions.*
Beispiel.	*Example.*
Beschreib.	*Describe.*
Ergänze die Fragen/Sätze/Tabelle.	*Complete the questions/sentences/table.*
Finde.	*Find.*
Füll die Lücken aus.	*Fill in the blanks.*
Gruppenarbeit.	*Groupwork.*
Hör zu und lies.	*Listen and read.*
Hör (noch mal) zu und wiederhole.	*Listen (again) and repeat.*
Hör zu und überprüfe es.	*Listen and check.*
Hör zu und sing mit.	*Listen and sing along.*
Kopiere die Tabelle und füll sie aus.	*Copy the table and fill it out.*
Korrigiere deine Sätze.	*Correct your sentences.*
Lies den Brief/Text.	*Read the letter/text.*
Mach Dialoge.	*Make up dialogues.*
Mach ein Interview.	*Do an interview.*
Mach Listen.	*Make lists.*
Ordne.	*Put in order.*
Partnerarbeit.	*Pairwork.*
Rate mal!	*Guess!*
Richtig oder falsch?	*True or false?*
Richtig, falsch oder nicht im Text?	*True, false or not in the text?*
Schau ins Glossar.	*Look in the glossary.*
Schreib die Tabelle ab.	*Copy the table.*
Schreib Sätze.	*Write sentences.*
Sieh dir ... an.	*Look at ...*
So spricht man ... aus!	*How to pronounce ...!*
Überprüfe es.	*Check.*
Übung.	*Exercise.*
Vergleich deine Listen mit einem Partner/einer Partnerin.	*Compare your list with a partner.*
Wähl die richtige Antwort aus.	*Choose the correct answer.*
Was ist das?	*What is it?*
Was passt zusammen?	*What goes together?*
Was heißt das auf Englisch?	*How do you say that in English?*
Wie spricht man das auf Deutsch aus?	*How do you pronounce that in German?*
Zeichne.	*Draw.*